# 神の子イエス・キリストの福音

## 主イエスと出会うマルコ福音書講解

久野 牧

一麦出版社

*Soli Deo Gloria*

# 目次

# 神の子イエス・キリストの福音

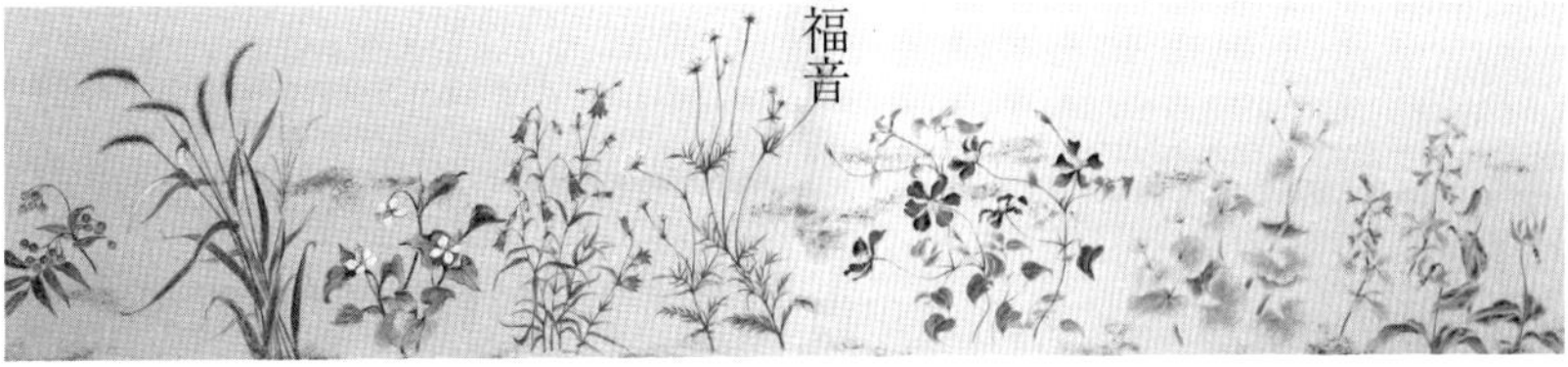

# 1 神の子イエス・キリストの福音

マルコによる福音書1章1―8節（その一）

神の子イエス・キリストの福音の初め。
預言者イザヤの書にこう書いてある。
「見よ、わたしはあなたより先に使者を遣わし、／あなたの道を準備させよう。／荒れ野で叫ぶ者の声がする。／『主の道を整え、／その道筋をまっすぐにせよ。』」／そのとおり、洗礼者ヨハネが荒れ野に現れて、罪の赦しを得させるために悔い改めの洗礼を宣べ伝えた。ユダヤの全地方とエルサレムの住民は皆、ヨハネのもとに来て、罪を告白し、ヨルダン川で彼から洗礼を受けた。ヨハネはらくだの毛衣を着、腰に革の帯を締め、いなごと野蜜を食べていた。彼はこう宣べ伝えた。「わたしよりも優れた方が、後から来られる。わたしは、かがんでその方の履物のひもを解く値打ちもない。わたしは水であなたたちに洗礼を授けたが、その方は聖霊で洗礼をお授けになる。」

マルコによる福音書は「神の子イエス・キリストの福音の初め」という言葉で始まっています。ここで言われる「福音」とは何でしょうか。それは端的に言えば、神から遣わされた唯一の救い主イエス・キリストのことです。したがって、冒頭の句は「神の子イエス・キリストの福音が、今ここに始まる」ということになります。マルコによる福音書全体をとおして、わたしたちは神の子イエス・キリストに出会うことが求められています。イエス・キリストに出会わずに、この書を読み終えることがあってはならないということです。神はこの御子《みこ》において、人間の再創造の業《わざ》に取り組まれたのです。

その句に続いて、預言者イザヤの言葉が引用されています。これは、救い主がイスラエルの世界に遣わされる前に、神は多くの預言者を送るという預言です。事実、イスラエルの国には、イザヤをはじめ、多くの預言者が神から遣わされて、救い主が来られる準備を人々に促しました。そして、そのような預言者の最後の人物として、洗礼者ヨハネが遣わされるのです。それが、4節以下に記されています。

これらのことが示していることは、神は、ある人のための救いの働きをなさる前に、その人に救い主を迎える準備をさせるために、いろいろな人を送られるということです。それは、先がけ、すなわち先駆者とも呼ばれます。その先駆者によって、人はイエス・キリストと出会う備えをすることができます。

わたしたちも振り返ってみるならば、わたしたちが救い主イエス・キリストに出会う前に、わたしたちのために道を備えてくださった人が幾人もいたことを思い起こさせられます。あの人、この人が、わたしの救いのために神から遣わされてきたのだ、その方たちの導きによってわたしは救いを手にすることができた、と感謝をもって思い起こすことができる人々がいます。そのときは気がつかなかったとしても、今振り返るなら、その人々は間違いなく、神が備えてくださったわたしのための先駆者であったのです。

そのことを感謝をもって思い起こすとき、次は、わたしたち自身があの人、この人のために、またわたしたちの愛する人たちのために、先駆者としての働きをしなければならないということを思わせられます。自分は他者の救いのために神から遣わされているのだという意識を強くもつことは大切なことです。その思いは、自然と、心に覚える人たちのために祈ることになり、また、聖書の大切なひとことを書き添えた手紙をしたためるということにもつながるはずです。

そのようなことができる者となるためにも、わたしたちはこの福音書をとおして、真の救い主イエス・キリストに何度も出会って、心が揺さぶられることが大切です。そのための主日礼拝であり、またそのことが起こるような聖書の朗読、説教を聞くことがくり返されるようにと祈りつつ、マルコによる福音書の御言葉《みことば》に聴き続けてまいりましょう。

2

# 洗礼者ヨハネとイエス・キリスト

マルコによる福音書1章1―8節（その二）

神の子イエス・キリストが救い主として現れる直前に神から遣わされた預言者が洗礼者ヨハネでした。ヨハネの生活ぶりは、荒れ野に住んで、らくだの毛衣を着たり、いなごと野密を食物としていたと描かれています。その生活ぶりは何を意味しているのでしょうか。一つは、1章3節に預言の言葉が引用され、そこで描かれていたとおりの生活をすることによって、ヨハネは自分が神からの最後の預言者であることを示そうとしているということです。

しかし、それ以上に大切なことは、彼が荒れ野での生活を選んだのは、神に集中するためであった、と言ってよいでしょう。人々から距離を置いて生きることは、彼にとって辛く寂しいことではなくて、かえって、神により近づくために必要な生き方であったのです。ヨハネはそこから人々に呼びかけて、人々が決断をもってヨハネのもとにやってくることを願っています。彼は、人を避けた生き方をしながら、人を自分のもとに呼び寄せている、そういう伝道の方法で、人々の救いに仕えました。教会も教会の外に出かけて、人々に神を証しし、救いのありかをさし示すことをしなければなりません。それと同時に、教会に人々が決断をもってやって来て、礼拝に連なることも願い続けなければなりません。出かけること、待つこと、その両面の働きを教会はもっています。

ところでヨハネの洗礼は、新しい命そのものを作り出すものではありませんでした。彼は、人は悔い改めて神のもとに帰り、神からの赦しを得て、救いを自分のものにすることが必要だと呼びかけたのです。そして、自分はそのようなものになりたいとの志を示した者に、水による洗礼を授けて、救い主が来られるまでその決断を失うことがないようにと求めました。これは、主イエス・キリストが与えてくださる洗礼とは異なっています。それを受けるための前準備が始まったということを示すもの、それがヨハネによる洗礼です。それは思い切って今日の教会のことで言い表すならば、ヨハネの洗礼は、洗礼準備会が済み、小会（長老たちの会議）で試問を受けて、受洗を「承認」された段階のことです。それは洗礼そのものではありません。その人はやがて主の名による洗礼を受けることによって、真の救いと新しい命を獲得することができるのです。

ここでもう一つ考えておきたいことは、「悔い改め」と「反省」とは異なるということです。反省は、あのことが悪かったから、これからは同じ過ちをしないようにしようという心の変化や方法を変えることを言います。一方、悔い改めは、その言葉の本来の意味が〈方向転換〉を意味しているように、生きる方向を根本的に変えることです。神から離れる方向に生きていたものが、神に向かう方向に生き方の向きを変えることです。それは「神に帰る」ことです。ここでカルヴァンの言葉を引用いたします。「悔い改めは心と魂において起こる内的なものであると同時に、生活の変化や改革によってその成果を示さなければならない」。わたしたちの教会は、神に背を向けて生きている多くの人たちに、神に向かって生き方の方向を変えようと呼びかけなければなりません。神は、人がご自身のもとに帰ってくることを喜ばれるお方なのです。そのことのために、教会はこの地上に建てられています。

# 3 御心にかなう方の登場

マルコによる福音書1章9―13節

そのころ、イエスはガリラヤのナザレから来て、ヨルダン川でヨハネから洗礼を受けられた。水の中から上がるとすぐ、天が裂けて〝霊〟が鳩のように御自分に降って来るのを、御覧になった。すると、「あなたはわたしの愛する子、わたしの心に適う者」という声が、天から聞こえた。それから、〝霊〟はイエスを荒れ野に送り出した。イエスは四十日間そこにとどまり、サタンから誘惑を受けられた。その間、野獣と一緒におられたが、天使たちが仕えていた。

マルコによる福音書の冒頭で、「神の子イエス・キリストの福音の初め」として紹介されたイエス・キリストが、9節にいたって初めて登場されます。しかも、洗礼者ヨハネから洗礼を受ける方として登場されるのです。なぜ罪を犯されなかった主イエスが、罪の赦しを得させるための悔い改めの洗礼を受けられたのでしょうか。主イエスも、罪の赦しを必要とされたのでしょうか。そんなはずはありません。ヘブライ書（4・15）には、「このお方は罪は犯されなかった」とはっきり記されています。それではなぜ主はヨハネから洗礼を受けられたのでしょうか。それは、主イエスが、罪人であるわたしたち人間のところにまで身を低くして降りて来てくださり、罪人と同じ立場に立たれ、罪人と共に生きていこうとされる御意思の表れなのです。それは、主のへりくだりであり、またわたしたち罪人との連帯・一致のしるしなのです。そのようにして、主はわたしたちに近づいてくださいました。そうであるならば、わたしたちも主に近づいて、洗礼を授けられて主と一つとされることが求められているのです。主が受けられた洗礼は、わたしたちに対する「あなたも洗礼を受けなさい」との招きでもあります。

主が洗礼を受けられた後、聖霊が主イエスの上に降るとともに、天からの声が聞こえました。それは父なる神の声です。「あなたはわたしの愛する子、わたしの心に敵う者」。これと似たことは、主イエスが山の上で姿を変えられたときにも聞こえてきました。そのときには、「これはわたしの子、選ばれた者。これに聞け」という言葉でした（ルカ9・35）。これらは何を意味しているのでしょうか。それは、父なる神は、ご自身のひとり子イエス・キリストに、地上においてなすべきすべての権限を委ねられたということでしょう。そして、神の御心《みこころ》を求める者は、主イエス・キリストに聞けばよい、神の思いはすべてイエス・キリストによって示される、ということです。わたしたちは、生きることについて、死ぬことについて、愛することについてなど人生の重い課題についてすべて御子《みこ》に問えばよいのです。そうすれば、必ず御心は示されるということが約束されています。そしてわたしたちも洗礼を受けるとき、「これはわたしの愛する子、わたしの心に適う者」という声を聴くことができるでしょう。

さて、主イエスは、洗礼を受けられた後、霊に導かれて、荒れ野に向かわれ、そこで悪しき力の誘惑を受けられました。これはどういうことなのでしょうか。それは、人は信仰に生きるものとなった後にこそ本格的な誘惑に会い、また悪しき力との戦いが始まるということです。生き方の旗印を鮮明にすれば、それだけ周囲からの抵抗も戦いも激しさを増してきます。しかし、大丈夫です。主イエスが聖霊によって守られ、神の天使たちによって守られていたように、わたしたちも同じです。神に従って生きていこうとしているものが、悪しき力と戦っているとき、神は決して見放すことなく、自ら手を伸ばしてその人を守り、共に戦ってくださるのです。預言者イザヤはそのような神のことを「主の手は短くはない」と言い表しています（イザヤ50・2参照）。

4

# 悔い改めて福音を信ぜよ

マルコによる福音書1章14－15節

ヨハネが捕らえられた後、イエスはガリラヤへ行き、神の福音を宣べ伝えて、「時は満ち、神の国は近づいた。悔い改めて福音を信じなさい」と言われた。

荒れ野で40日間を過ごされた主イエスは、その後、本格的な宣教活動に入られました。そのきっかけとなったと思われる一つのことが14節の初めに記されている「ヨハネが捕らえられた」という出来事です。洗礼者ヨハネは神の言葉を語ることによって王に捕らえられました。それを知られた主イエスは、いよいよご自分が神のために働く時が来たことをお知りになったのです。神の救いの歴史の舞台に主イエスが姿をもって登場されます。

ここで、ヨハネが「捕らえられた」という事実をもう少し掘り下げて考えてみましょう。そのことは、神の言葉を語ることによって主イエスも捕えられるかもしれない可能性があるということを示しています。しかし、主イエスはそれを恐れずに人々の前に現れ、神による救いを伝える動きを始められます。主イエスを突き動かしているのはご自分の思いではなく、神の御心《みこころ》のみです。

主イエスの第一声は、「時は満ち、神の国は近づいた。悔い改めて福音を信じなさい」です。最初の「時は満ち、神の国は近づいた」は事実の告知ですし、後半の「悔い改めて福音を信じなさい」は人々に対する招きと命令です。

「時が満ちる」とは神が定められた準備の時は終わり、神による救いの最終段階が主イエスとともに始まったということです。このことは、わたしたちにも起こります。準備の時、待つ時が終わり、決断し信じ始める時が必ず来ます。主イエスとの出会いが真に起こるその時が、決断の時、信じる時の始まりです。主イエス・キリストは、神の代理者としてわたしたちの世界に来てくださいました。このイエス・キリストとの関係を結ぶことによって、神との関係の中に入ることができます。裏を返せば、主イエスを通してしか、神に至ることはできないのです。そういうお方として、父なる神は御子《みこ》を送ってくださいました。主イエス・キリストとの現在の関係が、神との関係における将来を決定することになります。この「時」をわたしたちは逃してはなりません。

ではどうすればよいのでしょうか。主は言われます、「悔い改めて福音を信じなさい」と。悔い改めるとは、前回も考えましたが、「神に帰ること」です。神から遠ざかる方向に生きていたわたしたちが、向きを変えて、神の方に帰っていくこと、神のもとで生きようとすることです。それが悔い改めることです。そして福音を信じるとは、福音そのものであられる主イエス・キリストを信じるということです。主イエスのみがわたしたちの罪を赦し、新しい命を与え、わたしたちを神の子としてくださる唯一のお方であると信じることです。

悔い改めは、わたしたちが起こす行動というよりも、わたしたちを迎え入れようとしておられる神がわたしたちに送ってくださる賜物、贈り物です。誰もがその贈り物を主イエス・キリストを通して受け取ることができます。それゆえ、悔い改めよとは、厳しいおきてや戒めではなく、神がわたしたちのために開いてくださった本来の命への復帰の促しです。すべての人がその恵みに招かれています。教会はそのことを告げ広めていく務めをもっています。

# 5 すぐに従った四人の男たち

マルコによる福音書1章16—20節

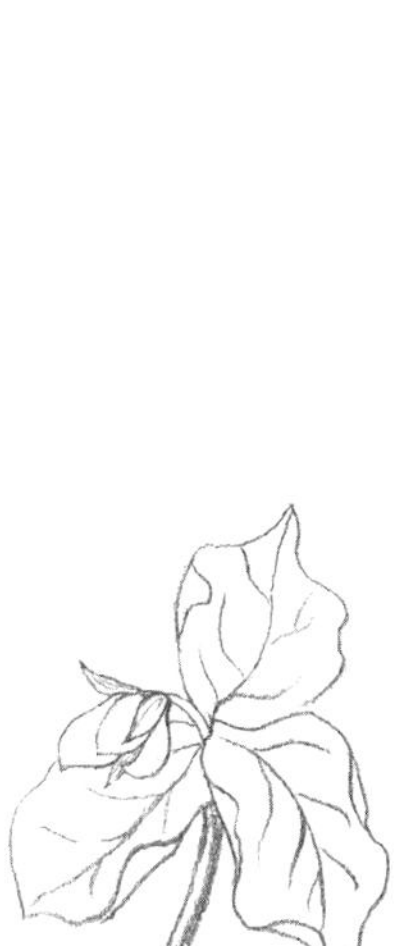

イエスは、ガリラヤ湖のほとりを歩いておられたとき、シモンとシモンの兄弟アンデレが湖で網を打っているのを御覧になった。彼らは漁師だった。イエスは、「わたしについて来なさい。人間をとる漁師にしよう」と言われた。二人はすぐに網を捨てて従った。また、少し進んで、ゼベダイの子ヤコブとその兄弟ヨハネが、舟の中で網の手入れをしているのを御覧になると、すぐに彼らをお呼びになった。この二人も父ゼベダイを雇い人たちと一緒に舟に残して、イエスの後について行った。

主イエスの宣教開始の言葉のすぐ後になされた最初の業《わざ》は、弟子たちを集めることでした。舞台はガリラヤ湖の北岸のほとりです。主はガリラヤ湖で漁をしていたシモン・ペトロとアンデレ、そして漁を終えたばかりで網を繕っていたヤコブとヨハネの二組の兄弟を、「わたしについて来なさい。人間をとる漁師にしよう」とお招きになりました。四人の漁師たちは、それぞれに主の招きの言葉を聞いて、主に従い始めたのです。彼らは仕事の道具である網や舟、そして家族までをそこに置いたまま、主の弟子となりました。

ここで目立つのは、主イエスの招きの唐突さ、さらにそれに応えた男たちの唐突さです。主イエスの側には、わたしたちにはよくわかりませんが、彼らを招く必然性があったに違いありません。男たちには、主の側にある必然性は見えていません。けれども彼らは主の言葉に「すぐに」従いました。マルコはこのことを描くことによって、わたしたちが主の招きに応えるときの基本的な姿勢を明らかにしています。それは「すぐに」応えるということです。こうして主の業の敏速性、それに応えるべきわたしたち人間の敏速性を学ぶことができます。

この四人の漁師たちが後ろに残したものに目を向けるとき、なんと大それたことを彼らはしたのだろうかと考えさせられます。主の招きに応じるとき、すべての人が同じようにしなければならないということではありません。しかし彼らの行動によって、主に従うときに起こる避けられない事柄が何であるかが、端的にここに示されています。それは神の召しに人が応じるとき、必ず何らかの中断、断絶、断念が生じるということです。それはいわば過去との決別です。ある人の言葉に次のようなものがあります。「人は二つの道を考えることはできるが、二つの道を行くことはできない」。一つを選び取るとき、いろんな悲しみや痛みが伴うかもしれません。また、決断をもって従い始めた者たちにも迷いや戸惑いが生じるかもしれません。しかし、主なる神は従う者たちにも、残された者たちにも、ついには大いなる祝福をもって報いてくださるに違いないのです。わたしたちが従う神は、慈しみと憐れみに富んでおられる方なのです。

この四人の漁師たちが主によって招かれたことの目的は何であったのでしょうか。それは彼らを「人間をとる漁師」にするためでした。彼らが魚をとる漁師であることになぞらえて、このような巧みな言葉が用いられています。漁師たちは、魚を自分たちのためにとります。とった魚は死にます。一方、人間をとる漁師は、「とった」人々を新たに生かすために、そして神のためにとります。人々を神の言葉によって新しい人とし、神の国の一員とするためです。それを神は喜んでくださるのです。

四人の男たちは従い始めたときには、主が言われることも、自分たちのなすべきことの意味もよくはわからなかったことでしょう。誰もが従い始めるときには同じです。しかし従う中で、すべては明らかにされてくるのです。

6

# 汚れた霊よ、この人から出て行け

マルコによる福音書1章21―28節

一行はカファルナウムに着いた。イエスは、安息日に会堂に入って教え始められた。人々はその教えに非常に驚いた。律法学者のようにではなく、権威ある者としてお教えになったからである。そのとき、この会堂に汚れた霊に取りつかれた男がいて叫んだ。「ナザレのイエス、かまわないでくれ。我々を滅ぼしに来たのか。正体は分かっている。神の聖者だ。」イエスが、「黙れ。この人から出て行け」とお叱りになると、汚れた霊はその人にけいれんを起こさせ、大声をあげて出て行った。人々は皆驚いて、論じ合った。「これはいったいどういうことなのだ。権威ある新しい教えだ。この人が汚れた霊に命じると、その言うことを聴く。」イエスの評判は、たちまちガリラヤ地方の隅々にまで広まった。

主イエスは、四人の弟子を集められた後、安息日に会堂に入り、神の国について教え、また汚れた霊にとりつかれた人を癒されました。これらのことの中に、主イエスの業《わざ》の中核にあるものが明らかに示されています。それは、弟子を集めること、教えをすること、そして病める人を癒すことです。これらが主イエスの業であることによって、主の後に続く教会も、これらが自分たちの大切な務めであることを認識しなければなりません。

会堂にいる人々は、初めて聞く主イエスの教えに非常に驚きました（22節）。なぜでしょうか。その一つは、主の教えが律法学者のようでなかったことです。ただ律法の知識を形式的に語る学者からは、人々は感銘や慰めや希望を受け取ることができませんでした。一方、主イエスの教えには「権威」がありました。権威とは、この世的な権威をもって偉そうに語るということではありません。語られる言葉が、地上のことではなくて、初めて聞く神の国に関することであり、語られる言葉によって人々は、「それではわたしたちはいったいどうしたらよいのか」と心が揺さぶられ、自分のこれからの生き方を問わざるをえなくさせられる力あるものだったのです。人々は、主の教えの中に新しい時代の到来と、新しい生き方への招きを強く感じ取ることができました。

さらに、主の言葉に権威があることが目に見えるかたちで表される出来事が起こりました。それは「汚れた霊」にとりつかれている人が、主のひとこととの言葉によって癒された出来事です。主は大声を上げる男の中に、その人の力ではどうすることもできない霊が宿っていることを見抜かれました。今日のわたしたちには理解しにくい面がありますが、人の力では制御できない霊的なものによって人が捕らわれることはありうることです。主はその霊に向かって「黙れ。この人から出て行け」とお命じになりました。この人を会堂から追い出すのではなくて、この人にとりついている悪しき霊を追い出されるのです。その主の命令によって、とりついていた汚れた霊は男から出ていきました。それはこの人が発作を伴いながらでも、健常な状態に戻ったことによって知ることができることでした。

主イエスは、神の愛の対象とされている人間の心に宿るべきは、その人を苦しめ混乱させる悪しき霊や汚れた霊ではなく、神の霊であることを、このことによって示してくださっています。主は、悪しき霊が宿っていたこの人の心の座から悪しき霊を追い出し、その空いたところに神の霊を宿らせられたのです。主はこのように、わたしたちの心の中に神の霊を送り、その人を神の子にふさわしく造り変えてくださいます。このことは安息日の会堂で起こりました。ひとりの人の命の回復がもたらされたのです。それは最初にもふれましたが、今日の教会の主の日の礼拝においても起こりうることです。主が、痛める心をもった人にふさわしく関わってくださるならば、そこに傷ついた命の癒しと回復が起こります。わたしたちの礼拝はその主の業を妨げるものではなく、それにお仕えするものでなければなりません。

## 7

# 癒し主でもあられるイエス・キリスト

マルコによる福音書1章29—34節

すぐに、一行は会堂を出て、シモンとアンデレの家に行った。ヤコブとヨハネも一緒であった。シモンのしゅうとめが熱を出して寝ていたので、人々は早速、彼女のことをイエスに話した。イエスがそばに行き、手を取って起こされると、熱は去り、彼女は一同をもてなした。夕方になって日が沈むと、人々は、病人や悪霊に取りつかれた者を皆、イエスのもとに連れて来た。町中の人が、戸口に集まった。イエスは、いろいろな病気にかかっている大勢の人たちをいやし、また、多くの悪霊を追い出して、悪霊にものを言うことをお許しにならなかった。悪霊はイエスを知っていたからである。

主イエスは安息日に会堂で教えられ、また汚れた霊にとりつかれた人を癒された後に、会堂を出てシモン・ペトロの家に向かわれました。そこではペトロの姑が熱を出して寝込んでいました。それを知らされた主は、早速彼女のそばに近寄り手を取って起こされると、彼女から熱が去り、健康を回復し、皆のもてなしをしました。この物語には考えるべきことが多く含まれています。

その一つは、ペトロと彼の家族との関係です。ペトロは主に従い始めることによって、仕事も家族も後に残して行ったはずです。ところが断ち切られたはずの彼の家も妻も彼のもとにまだあるのです。しかもペトロは主を、その古き世界に属するはずのところに連れてきています。これはいったいどういうことでしょうか。ここで推測を許されるならば、それはペトロが主に従い始めることによって、いったん断ち切られた古い関係、すなわち彼の家族との関係が、新しいものに造り変えられていったということです。ペトロと家族との関係をいったん断ち切った主が、今度は新しい関係を造り出してくださっているのです。ペトロは後日、妻を伴って伝道旅行に出かけています。信仰生活に入ることは、過去との断絶を伴いますが、それだけでなく、主がそれを新しいものに造り変えてくださることを、ここで知ることができます。

もう一つ注目すべきことは、姑の癒しです。これは一見つつましい癒しの物語です。しかし大事なことが示唆されています。姑の病気の程度はわかりませんが、ルカによる福音書では、彼女は「高い熱に苦しんでいた」と記されています（4・38）。そのことはこの家にとっては重い課題であったに違いありません。それをご存じになられた主は、すぐに自ら姑に近づいて癒してくださいました。それによって彼女自身が苦しみから解放されただけではなく、家全体が平安に包まれることになりました。解決されなければならない課題や重荷を抱えている家庭に主イエス・キリストが迎え入れられるとき、そこに癒しと平安がもたらされることを、この物語はさし示しています。

癒された姑はその後どうしたでしょうか。彼女は主の一行をもてなす働きをしました。「もてなす」、すなわち「仕える」ことをしたのです。主が「仕える者になりなさい」と言われたときの言葉が用いられています。彼女は今まで病めるものとして家族に仕えられていましたが、今癒されたものとして「仕える」者に変えられました。これによって、わたしたちが仕える者となるためには、主によって癒されることが不可欠であるということを教えられます。主によって身も魂も癒され、慰められ、力を与えられた者は、他者に仕えることができる者となります。癒されることによって、主に受け入れられている自分を発見した者は、今度は他の人を受け入れて、仕える者となることができるのです。

わたしたちは医者を必要としている病人です。赦され癒されなければならない罪人です。そのようなわたしたちに主ご自身が近づいてきてくださって、御手を伸ばしてくださるとき、新しい自分が生まれるのです。

8

# 祈る主、宣教する主

マルコによる福音書1章35―39節

朝早くまだ暗いうちに、イエスは起きて、人里離れた所へ出て行き、そこで祈っておられた。シモンとその仲間はイエスの後を追い、見つけると、「みんなが捜しています」と言った。イエスは言われた。「近くのほかの町や村へ行こう。そこでも、わたしは宣教する。そのためにわたしは出て来たのである。」そして、ガリラヤ中の会堂に行き、宣教し、悪霊を追い出された。

「朝早い時間、それは教会の時である」と言った人がいます。それは朝早い時に主イエスが祈られ、朝早い時に主イエスがよみがえられたからです。わたしたちも神の前にあって生きる者として、朝早い時を何よりも祈りの時として用いたいものです。その祈りの質が、一日の生活の質を決めることになります。主イエスは今、「朝早くまだ暗いうちに」祈りをささげておられました。それは、ユダヤ人がそうしていたように、主もまた朝早くから祈りの習慣をもっておられたことの表れでした。さらには、その前日の会堂でのことやシモンの家でのことを振

り返りつつ、これからのご自身の在り方を神に問うための大切な祈りのひとときであった、とも言えるでしょう。

また主が祈られた場所について「人里離れた所」と記されています。主は人々が多く集まってきたカファルナウムの町から離れた寂しい所を、祈りの場として選んでおられます。それはなにものにも妨げられないで神への祈りに集中するためです。わたしたちもまた、一日のひとときを「人里離れた所」を心の内にもち、神への祈りに集中したいものです。

そのように祈っておられた主のもとに、弟子たちがやって来て次のように言っています。「みんなが（あなたを）捜しています」。弟子たちは前日多くの人々が主のもとに集まって来たことに興奮しています。そして今もそういう状態が続いているのでしょう。そのようなときに主が姿を見えなくされるとはどういうことなのかとの思いをもって主に問うています。弟子たちは、せっかくのこのときを用いてさらに多くの〈成果〉を得たいと考えているに違いありません。

それに対して主は言われました。「近くのほかの町や村へ行こう。そこでもわたしは宣教する」。主はカファルナウムから出て他のところでの宣教を告げておられます。この主イエスと弟子たちの考え方の違いは、どこから生まれてきたのでしょうか。それはひとことで言えば、「神の思い」と「人の思い」との違いであると言ってよいでしょう。主は、神への祈りによって御心《みこころ》を問われました。主はしばらくカファルナウムを離れることによって、人々が主がなされた奇跡的な癒しの業《わざ》の中に隠されている神の救いの御意図を深く考えることを期待しておれます。それと同時に、主に与えられている地上の時間の中で、さらに多くの人々に対して御言葉《みことば》の宣教の務めを果たすべきであることを御心《みこころ》として捉えておられます。一方弟子たちの考えは、多くの人々が集まって来ていることを見ることによって生じている「人の思い」なのです。

主は次のようにも語っておられます。「そのためにわたしは出て来たのである」(38節)。「出て来た」とはどこから出て来られたことなのでしょうか。シモンの家から出て来たこととも考えられますが、もっと深く考えれば「神のもとから出て来た」ということなのではないでしょうか。主はすべての人々に御言葉を宣べ伝えるために、神のもとから出て来て、わたしたちの世界に来てくださったのです。ここにいるわたしたちも主に仕えるために、それぞれの古い所から主のもとに出て来た者たちであることを忘れないようにしましょう。

# 9 癒された人の反応

マルコによる福音書1章40－45節

さて、重い皮膚病を患っている人が、イエスのところに来てひざまずいて願い、「御心ならば、わたしを清くすることがおできになります」と言った。イエスが深く憐れんで、手を差し伸べてその人に触れ、「よろしい。清くなれ」と言われると、たちまち重い皮膚病は去り、その人は清くなった。イエスはすぐにその人を立ち去らせようとし、厳しく注意して、言われた。「だれにも、何も話さないように気をつけなさい。ただ、行って祭司に体を見せ、モーセが定めたものを清めのために献げて、人々に証明しなさい。」しかし、彼はそこを立ち去ると、大いにこの出来事を人々に告げ、言い広め始めた。それで、イエスはもはや公然と町に入ることができず、町の外の人のいない所におられた。それでも、人々は四方からイエスのところに集まって来た。

「重い皮膚病」を患うということは、その病からくる肉体的な痛みや苦しさだけではなくて、汚れた者として社会的に隔離される苦しみも伴うものでした。日本においてもつい最近までよく似た状況がありました。今、主イエスが一人でおられるところに、その病にかかった男の人が近づいて、「御心《みこころ》ならば、清めてください」と願い出ています。この病にかかった人は、このように人に近づくことを禁じられていました。むしろ「わたしは汚れたものです」と大きな声を出しながら、自分が他の人に近づかないだけでなく、他の人が自分に近づかないようにもしなければなりませんでした（レビ13・45）。したがって彼が今主に近づいていることは、律法の規定に反した行為をしていることになります。彼は自分は恵みを受けるのにふさわしくない者と思いつつ、清められる恵みを受けなければ生きていけない者として、決断的に主に自分自身のすべてを投げ出しているのです。

　それに対して主は、彼を厳しくとがめられたでしょうか。そうではありませんでした。彼が律法を犯してまでご自分に近づいてくるのに対して、主もご自分の手を伸ばして彼に触れ、「清くなれ」と言われました。主もまた律法を犯しておられるのです。その主の言葉によって重い皮膚病の人は癒されました。彼は死の状態から、新たな命の状態へと移されたのです。主イエスは、自ら手を差し伸べることによって、この病の人のすべてを受け止めておられます。彼のこれまでの苦しさを憐れに思い、その苦痛から彼を解放させようとして、主はそうなさいました。主の慈しみの深さ・大きさを示されます。

　ここから明らかになることは、わたしたちの汚れや醜さは主から遠ざかる理由にはならない、ということです。むしろ、わたしたちは汚れているからこそ、罪に染んでいるからこそ、主に近づいて罪を赦され、汚れから清められる必要があるのです。重い皮膚病の人が、律法違反として厳しい裁きを受けてもしかたがないと覚悟して大胆な行為をしたことが、彼の新しい命に結びつきました。わたしたちも、大胆に主に近づいてよいのです。

主は癒された この男の人に対して、次のように言われました。「だれにも、何も話さないように気をつけなさい」(44節)と。どうしてでしょうか。主イエスは、人々が病の癒しという奇跡的なことばかりに目を向けて、神がイエス・キリストを通して求めておられる真の悔い改めをないがしろにすることを恐れておられるからです。奇跡的な癒しは、その段階でとどまってしまうのではなくて、それをなしてくださる神にまで目が向けられ、思いが向けられてこそ意味があります。しかし癒された人は、主の注意を守ることができず、多くの人々にこのことを告げたために、人々が押し寄せて来て、主は本来の務めを果たすことができなくなりました。この男の人は間違ったことをしたのでしょうか。癒された喜びを人々に告げることは自然な行為のように思われます。しかし、主が「だれにも話してはならない」と言われるのであるならば、それに従うことが、主の恵みに応えることなのです。その沈黙の中で、神の恵みに感謝することが彼には求められています。自分の思いよりも神の思いを大切にすべきことをここでも教えられます。

# 10 起き上がって、歩きなさい

マルコによる福音書2章1―12節（その一）

数日後、イエスが再びカファルナウムに来られると、家におられることが知れ渡り、大勢の人が集まったので、戸口の辺りまですきまもないほどになった。イエスが御言葉を語っておられると、四人の男が中風の人を運んで来た。しかし、群衆に阻まれて、イエスのもとに連れて行くことができなかったので、イエスがおられる辺りの屋根をはがして穴をあけ、病人の寝ている床をつり降ろした。イエスはその人たちの信仰を見て、中風の人に、「子よ、あなたの罪は赦される」と言われた。ところが、そこに律法学者が数人座っていて、心の中であれこれと考えた。「この人は、なぜこういうことを口にするのか。神を冒瀆している。神おひとりのほかに、いったいだれが、罪を赦すことができるだろうか。」イエスは、彼らが心の中で考えていることを、御自分の霊の力ですぐに知って言われた。「なぜ、そんな考えを心に抱くのか。中風の人に『あなたの罪は赦される』と言うのと、『起きて、床を担いで歩け』と言うのと、どちらが易しいか。人の子が地上で罪を赦す権威を持っていることを知らせよう。」そして、中風の人に言われた。「わたしはあなたに言う。起き上がり、床を担いで家に帰りなさい。」その人は起き上がり、すぐに床を担いで、皆の見ている前を出て行った。人々は皆驚き、「このようなことは、今まで見たこと

がない」と言って、神を賛美した。

本日の中風の病を抱えた人の癒しの物語は、2回に分けて学ぶことにします。今日は中風の人が癒されたことを中心に、そして次回は、癒しと罪の赦しの関係についてです。ここには主イエスの権威についての大切な教えがあります。

場所はカファルナウムのある家の中です。主はそこで多くの人に対して御言葉《みことば》を語っておられました。熱心に主の教えに耳を傾ける人々によって家の戸口までいっぱいで、文字どおり立錐の余地もないほどの状況でした。そこに遅れてきた人々がいました。それは中風の人を床〈担架みたいなもの〉に載せて運んできた四人の男たちです。彼らは中風の友の癒しを願って主のもとにやって来ています。自分たちでは癒すことのできない病ですが、主イエスならきっと治してくださるとの確信をもってやって来ました。しかし、人壁のために中に入ることができませんでした。そこで彼らはどうしたでしょうか。

彼らはあきらめることをせず、〈別の道〉を探りました。それがこの家の屋根に上って穴を開け、そこから病人を床ごと吊り降ろすという一見乱暴な方法です。彼らには、主に癒していただくのは別の機会にしようとか、人が少なくなるまで待つという選択肢もありましたが、この時を逃してはならないという思いで、彼らは思い切った方法を選んだのです。その行為は、彼らの病める友人に対する深い愛と、主イエスに対するあつい信頼の表れです。

主イエスは、友人たちによって吊り降ろされた病の人を目の前にして、どうなさったでしょうか。彼らをとがめることはなさいませんでした。次のように記されています。「イエスはその人たちの信仰を見て、中風の人に、『子よ、あなたの罪は赦される』と言われた」（5節）。そのあと、主は律法学者たちと言葉のやり取りをなさった後、中風の人に向かって「起き上がり、床を担いで家に帰りなさい」（11節）と命じられました。中風の人は、命じられたとおりのことをすることができました。彼は癒されたのです。

罪の赦しについては次回考えますが、要するに主は「彼らの信仰を見て」癒してくださったのです。「彼ら」とは誰でしょうか。四人の友人でしょうか。それとも中風の人も含めて五人の人たちのことでしょうか。宗教改革者カルヴァンは次のように言っています。「主は中風の人を運んで来た人々を見ておられただけでなく、病の人の信仰をも見ておられた」。五人は主に対して同じ思いであったということでしょう。その思いがこの行動を生んでいます。

この場合の信仰とは何でしょうか。十字架とか復活といったことはまだ彼らの信仰内容に含まれていません。ただ彼らには、主は苦しみの中にある者を必ず助け癒してくださる、というひたむきな絶対的な信頼がありました。それを主は、ご自身への信仰と認めてくださっているのです。そこから彼らは信仰の深みへと導かれていくに違いありません。主に近づこうとする者に壁が立ちはだかることがあります。しかし必ず〈別の道〉が備えられます。主に近づく者に、主ご自身が近づいてくださいます（ヤコブ4・8参照）。

# 11 罪を赦す権威

マルコによる福音書2章1―12節（その二）

中風の病を抱えた人の癒しの物語について、聖書の順序とは少し異なりますが、前回、病が癒されたことを中心にご一緒に考えました。今回は、罪の赦しに焦点を当てて、それと病の癒しとの関係がいかなるものであるかについて考えたいと思います。

このテキストを読みながら、もしかすると皆さんにいくつかの疑問が生じたかもしれません。その一つは、癒しを求めて来た人に対して、主はなぜ最初に癒しではなく、罪の赦しを告知されたのかということです。一般的に言って当時の人々は、病は罪の結果であるという考え方をもっていました。病の人自身はそのことで苦しみ、また病の人を見つめる周囲の人々の眼差しも、「この人は罪人である」といった冷たいものでした。それで主は、中風の人が抱え続けてきた罪責の思いを彼の中から取り除くために、赦しを先に告げられたのです。さらにそうすることによって、周りにいた人々（律法学者など）にも、人には肉体の病の癒しよりももっと根本的に癒されなければならないものがある、それは神との関係の破れという罪の問題である、ということを教えておられるのです。

次に多くの人がいだく疑問は、9節の「『あなたの罪は赦される』というのと、『起きて、床を担いで歩け』というのと、どちらが易しいか」という問いかけの答えはいかなるものかという疑問です。どちらが易しいのかについて主は明確な答えを出してはおられません。ある人は、罪の赦しを告げる方が易しいと考えます。なぜならそれは目に見える証拠は必要でないからです。言いっ放しでもよいからです。逆に病の癒しを告げる方が易しいと考える人がいます。なぜなら、罪の赦しは神の権限に属することであって、人はそれを口にすることすらできないことである、一方病の癒しは人にでもできることだし、そして実際に人の手によって病が癒されることがあるのだから、というのがその理由です。

主イエスのご意図はいかなるものだったでしょうか。このあと主が「人の子（イエス）が地上で罪を赦す権威を持っていることを知らせよう」（10節）と言われたことなどから考えると、主は罪の赦しを告げることの方が難しい、と言おうとされたに違いありません。なぜならそれは神のみができることであり、人は赦しを与えられる側に属するものだからです。そしてそれが与えられるとき、たとえ肉体的な病が癒されなくても、人は罪責の苦しみから解放されて生きていくことができるのです。それゆえ罪の赦しは、病の癒しよりももっと根源的なものとして人が求めなければならないことであると言えます。

主は、続いて中風の人に「起き上がり、床を担いで家に帰りなさい」と命じられました。すると中風の人はその言葉どおりに行うことができました。主の癒しの言葉が現実となりました。それゆえ、先に言われた「あなたの罪は赦される」ということも、主の言葉であるゆえにそれは現実に起こるということを主は示しておられます。わたしたちは、神との関係の破れから生じるあらゆる苦しみの根源に、罪という霊的な病があることを知って、その癒しをまず何よりも求めるべきです。そしてそれは求める者に主が必ず与えてくださいます。

12

# 医者を必要としているのは病人

マルコによる福音書2章13―17節

イエスは、再び湖のほとりに出て行かれた。群衆が皆そばに集まって来たので、イエスは教えられた。そして通りがかりに、アルファイの子レビが収税所に座っているのを見かけて、「わたしに従いなさい」と言われた。彼は立ち上がってイエスに従った。イエスがレビの家で食事の席に着いておられたときのことである。多くの徴税人や罪人もイエスや弟子たちと同席していた。実に大勢の人がいて、イエスに従っていたのである。ファリサイ派の律法学者は、イエスが罪人や徴税人と一緒に食事をされるのを見て、弟子たちに、「どうして彼は徴税人や罪人と一緒に食事をするのか」と言った。イエスはこれを聞いて言われた。「医者を必要とするのは、丈夫な人ではなく病人である。わたしが来たのは、正しい人を招くためではなく、罪人を招くためである。」

わたしたちは人生において多くのものを見ます。そこで何を見て取るかによってその人の価値が決まるとも言われます。主イエスは、人間の世界で何をご覧になるのでしょうか。

主は弟子たちと共にある所に向かっておられる途中で、収税所に一人座っているレビをご覧になりました。彼は徴税人でした。多くの人々は彼に関心をもちませんし、もし彼を見つめるとしても、憎しみや侮蔑の眼差しであったことでしょう。なぜなら、多くの徴税人は人々から税を取り立てるとき、不正を行って私腹を肥やすことをしていたからです。彼らは人々の憎しみと排斥の対象でした。レビはその徴税人の一人です。しかし主は人々とは異なっておられます。主は愛の眼差しをもってレビを見つめ、さらに「従ってきなさい」と招きの言葉さえかけておられるのです。

収税所にしか自分の居場所はないと思っていたレビは、あたかもその言葉を待っていたかのように、すぐに座っていた場所から立ち上がって、眼差しを向けてくださり、招きの声をかけてくださった主に従い始めるのです。主が慈しみの眼差しを向けてくださるとき、そこに何事かが起こります。レビにおいては過去との断絶と主への服従が起こっています。わたしたちにも、そのような主の眼差しによって新しい何かが始まることがあるに違いありません。

その後幾日か経って、レビは主イエスと弟子たちを自分の家の食事に招きました。そこには、主に従い始めた多くの徴税人や罪人たちもいました。罪人とは律法違反を犯していた人々や、指導者たちによって勝手に「罪ある人」とされた人々のことです。自分たちを正しいものと自負しているユダヤ人たちは、そうした人々と食事をすることはありませんでした。しかし主は罪人とされた人々を御言葉《みことば》を語る大切な対象としてとらえて、彼らに積極的に近づいて行かれたのです。それによって彼らは悔い改めと主への服従に導かれました。

主のふるまいをいぶかしく思う律法学者たちに、主は次のように言われました。「医者を必要とするのは、丈夫な人ではなく病人である。わたしが来たのは、正しい人を招くためではなく、罪人を招くためである」。主は、自分自身を全く正しいと思っている人々や神の国は自分たちのものであると信じて疑わない人々よりも、それらの人々から閉め出されている徴税人や罪人として分類されている人々に、神の憐れみを与えるために来たと言っておられるのです。神によってまず癒されるべき者、そして救いへと導かれる者は誰であるかを語られる主のこの言葉は、わたしたちにとって大きな慰めであり、希望です。

わたしたちもときに思い煩い、ときに自己否定や自己嫌悪に陥ることがあります。魂が病むのです。しかし、それは神から排除されていることのしるしではなく、逆に神によって「わたしのもとに来なさい」との招きを受けているときなのです。本来、主イエスという医者を必要としていない人は一人としていません。今日、特にコロナ禍の中でさまざまに傷ついている人々が、主によって癒されることを願って、主の招きの言葉を告げることによって誠実に仕えたいものです。

## 13

# 新しいぶどう酒は、新しい革袋に

マルコによる福音書2章18―22節

ヨハネの弟子たちとファリサイ派の人々は、断食していた。そこで、人々はイエスのところに来て言った。「ヨハネの弟子たちとファリサイ派の弟子たちは断食しているのに、なぜ、あなたの弟子たちは断食しないのですか。」イエスは言われた。「花婿が一緒にいるのに、婚礼の客は断食できるだろうか。花婿が一緒にいるかぎり、断食はできない。しかし、花婿が奪い取られる時が来る。その日には、彼らは断食することになる。

だれも、織りたての布から布切れを取って、古い服に継ぎを当てたりはしない。そんなことをすれば、新しい布切れが古い服を引き裂き、破れはいっそうひどくなる。また、だれも、新しいぶどう酒を古い革袋に入れたりはしない。そんなことをすれば、ぶどう酒は革袋を破り、ぶどう酒も革袋もだめになる。新しいぶどう酒は、新しい革袋に入れるものだ。」

今日のテキストは、主イエスと弟子たちが罪人たちと食事をしていることに不審感をもった人々が、食事とは反対の「断食」の問題を取り上げて、主イエスがそれをどのように考えているかを問うている場面です。断食はイスラエルの国においては、食を断つ苦しみの中で、自分の罪を悔い改め、神に赦しを求めて祈るという宗教的に大事な面をもっていました。しかし、いつしかその本来の目的から離れて、断食が人の信仰を計る物差しのようなものとして用いられることもありました。人々は、主と弟子たちが断食するのを見たことがないために、いったい彼らの信仰はどうなっているのかと尋ねているのです。主はそれに対して比喩やことわざ的な表現によってお答えになります。

第一に、花婿がいる婚礼の席では人は断食をしないと言われます。これは、神はイスラエルの花婿であり、イスラエルは神の花嫁であるという歴史的・伝統的な考えに基づいています。今は花婿であるメシア（イエス・キリスト）がこの国に来ておられる、そのようなときにイスラエルの民は断食よりも、花婿である主と共にいることを喜ぶべきである、と言われるのです。その喜びの一つの場が、共に食事をするときでした。しかしやがてその花婿も取り去られるときが来る、すなわちメシアが人々の手によって死を迎えるときが来る、そのときには断食をして大いに苦しみ、嘆き、悔い改めなさいとも言っておられます。

第二の答えは、古い衣服に継ぎをあてるときに、新しい織りたての布切れは用いない、そんなことをすれば古い着物はいっそう引き裂かれてしまう、という比喩による答えです。これは新しい布切れは、新しい衣服にこそふさわしいということで、人々にメシア到来による新しい生き方を求めておられるものです。

第三の答えは、新しいぶどう酒は、古い革袋に入れるものではない、そんなことをすると革袋は裂けてぶどう酒は台無しになるという、当時一般的に用いられていたと考えられることわざをもって答えておられます。そこから導き出される結論は、「新しいぶどう酒は、新しい革袋に入れるものだ」ということです。神が約束されたメシアが来られた、今はその時だ、そうであれば人々は今までの生き方を変えなければならない。新しい生き方とは、それぞれがその心を空《から》にして、救い主イエスをそのまま受け入れるあり方です。

　信仰に生きるとは、今までの生き方に何かを付け加えることではありません。今までの生き方に欠けていたと思われるものを補うことでもありません。わたしたちの生の土台が変わること、人生の中心軸が新しくなることです。それは全面的に自分自身を主に明け渡して生きることであると言ってもよいでしょう。

　今の時代は、主が言われたように、主がこの世から取り去られた時代です。しかし、その主はよみがえられたお方として、御言葉《みことば》と聖礼典において、また聖霊と共に、今わたしたちのただ中に生きておられます。そうであれば、わたしたちも、断食よりも、復活の主との交わりによって喜びを十分に味わい、恵みを受け取るべきなのです。その喜びを味わうために備えられている場所と時が、主日の礼拝です。

# 14

# 安息日の主はだれか

マルコによる福音書2章23―28節

ある安息日に、イエスが麦畑を通って行かれると、弟子たちは歩きながら麦の穂を摘み始めた。ファリサイ派の人々がイエスに、「御覧なさい。なぜ、彼らは安息日にしてはならないことをするのか」と言った。イエスは言われた。「ダビデが、自分も供の者たちも、食べ物がなくて空腹だったときに何をしたか、一度も読んだことがないのか。アビアタルが大祭司であったとき、ダビデは神の家に入り、祭司のほかにはだれも食べてはならない供えのパンを食べ、一緒にいた者たちにも与えたではないか。」そして更に言われた。「安息日は、人のために定められた。人が安息日のためにあるのではない。だから、人の子は安息日の主でもある。」

今日は、安息日のことが取り上げられています。安息日は、ユダヤ教においては、神が六日間の創造作業を終えられて七日めに休まれたことから、週の終わりの日、土曜日がそれにあたります。十戒の第4戒では、「安息日を心に留め、これを聖別せよ」と命じられています。「聖別する」とは、他の日々からはっきりと区別せよ、という意味です。したがってユダヤ教は、

その日は労働を休み、神に礼拝をささげる日として守ってきました。その後ユダヤの人々はさらに安息日規定を細かく定めて、主イエスの時代には、禁止条項（「安息日には～してはならない」の規定）が千にも及んだとのことです。

主の弟子たちが、ある安息日に麦畑で麦の穂を摘んで食べました。それは禁止されている労働に当たるということで、ファリサイ派の人々が主に抗議しています。そのとき主は、サムエル記上21章1－7節に記されていることをもちだして、彼らに反論されました。それはダビデがサウルの手から逃れていたときに、ある礼拝所で、空腹の供の者のためにパンを求めました。祭司のみが食べることを許されている、その日祭壇から下げることになっていたパンを、祭司はダビデと従者に差し出しました。そしてそれは何の咎めも受けていないのです。それは律法の精神は憐れみであって、律法を機械的に遵守することに意味があるのではない、ということを意味しています。わたしたちにはわかりにくいことですが、人が定めた安息日の禁止事項が厳格に守られることより、安息日に命が守られ、命が新たにされることの方が大切であることを主は教えておられます。それによって主はファリサイ派の抗議を退けておられます。

さらに主は、「安息日は、人のために定められた」や「人の子（主イエス）は、安息日の主である」ということも語っておられます。前者は、安息日規定は、人の真の安息、すなわち神からの安らぎを得ることが目的として定められていることを意味しています。人は、この日仕事を中断して神の前に出て、神との交わりの恵みに与《あずか》るのです。

そして後者は、主の復活の後に建てられた教会が、キリスト教の安息日を従来の土曜日から、主の復活の記念の日である日曜日に移したことと関係して考えることが大切です。この日は、「主の日」と呼ばれるようになりました。教会はこの日を主に属する日として他の日々から区別し、この日特別に主の前に出てくることによって、真の憩いと平安に与ることができるようにしました。それが主の日の礼拝です。この礼拝の主宰者は、復活の主です。主の日の中心に立っておられるのは復活の主であることが、「人の子は安息日の主である」によって言い表されています。礼拝への主の招きに応えることが、この日の最もふさわしい過ごし方であることをわたしたちは教えられるのです。

礼拝をささげる主の日が、わたしたちにとって重苦しい日となるのではなくて、逆に御言葉《みことば》と聖霊において臨んでくださる主との出会いによって、新しい力と希望が与えられる日でありたいと願います。

# 15 命を救うことと殺すこと

マルコによる福音書3章1―6節

イエスはまた会堂にお入りになった。そこに片手の萎えた人がいた。人々はイエスを訴えようと思って、安息日にこの人の病気をいやされるかどうか、注目していた。イエスは手の萎えた人に、「真ん中に立ちなさい」と言われた。そして人々にこう言われた。「安息日に律法で許されているのは、善を行うことか、悪を行うことか。命を救うことか、殺すことか。」彼らは黙っていた。そこで、イエスは怒って人々を見回し、彼らのかたくなな心を悲しみながら、その人に、「手を伸ばしなさい」と言われた。伸ばすと、手は元どおりになった。ファリサイ派の人々は出て行き、早速、ヘロデ派の人々と一緒に、どのようにしてイエスを殺そうかと相談し始めた。

先週に引き続いて安息日における出来事が記されています。場所はユダヤ教の会堂内です。多くの人が礼拝をささげるために集っていましたが、その中に片手の萎えた人がいました。彼はいつも礼拝に出ていたのか、その日たまたまそこに集って来たのかは不明です。もしかすると主の敵対者になりつつあるファリサイ派の人々のある魂胆によって、そこに連れて来られたのかもしれません。つまり、安息日に主イエスがこの手の不自由な人をどうなさるかを試すために彼は連れて来られたということもありえます。彼の癒しを求めてではなくて、主を陥れるための道具としてひとりの人が用いられようとしている、それは許されることではありません。主はそれを見抜いておられました。

主はこの人に命じられました、「真ん中に立ちなさい」と。主はこの人の癒しにとりかかろうとしておられます。この人は会堂の隅にいて、できるだけ目立たないようにしていたのかもしれません。しかし、主は彼を真ん中に、そして主の前に呼び出されるのです。これによってすでに彼の癒しは始まったと考えることもできます。それと同時に主は、彼を道具のように用いようとしている人々の歪んだ心をも癒そうとしておられるのです。「あなた方の心も萎えている。それも癒しの対象だ」と主は暗に語っておられます。そのとき主は人々に問われました。「安息日に許されているのは、命を救うことか、それとも殺すことか」と。人々は答えません。答えは明らかなのですが、答えると彼らの意図が台無しになるために黙っています。

主は手の萎えた人にさらに命じられました、「手を伸ばしなさい」と。すると彼の手は元どおりになりました。癒されたのです。人々は、安息日に命に関する緊急性のない病やけがは癒してはならない、という安息日規定に立って、主がもしこの手の萎えた人の癒しの行為を行ったら、当局に訴えるつもりでした。しかし、安息日に命が大事か、否かと問われて答えることができなかった人々は、主の癒しの業《わざ》に対しても何も言うことができないままでした。ただ主イエスに対する憎しみの思いを強めることだけでした。彼らについて「ここに病人を癒した人を憎むという全く異様な人々がいる」と述べた人がいます。彼らは哀れとしか言いようがありません。

主は今も、隅の方にいる者には「今いる狭い場所から真ん中に出て来なさい」と、生き方に伸びやかさを失っている者には「手を伸ばしなさい」と、内にこもりがちな者には「萎えた心をわたしの前で広げなさい」と、それぞれにふさわしく呼びかけておられます。そして、主の前で、伸ばした手で、開いた心で、主が差し出してくださる恵みをしっかりと受け取るようにと招いておられます。こうして、主はそれぞれの内にご自身の恵みを注ぎ込んでくださるのです。そのような主の招きを聞き取る日として主の日の礼拝に集う人々が多く与えられることを、わたしたちは祈り続けましょう。

16

# 十二弟子の選び

マルコによる福音書3章7―19節

イエスは弟子たちと共に湖の方へ立ち去られた。ガリラヤから来たおびただしい群衆が従った。また、ユダヤ、エルサレム、イドマヤ、ヨルダン川の向こう側、ティルスやシドンの辺りからもおびただしい群衆が、イエスのしておられることを残らず聞いて、そばに集まって来た。そこで、イエスは弟子たちに小舟を用意してほしいと言われた。群衆に押しつぶされないためである。イエスが多くの病人をいやされたので、病気に悩む人たちが皆、イエスに触れようとして、そばに押し寄せたからであった。汚れた霊どもは、イエスを見るとひれ伏して、「あなたは神の子だ」と叫んだ。イエスは、自分のことを言いふらさないようにと霊どもを厳しく戒められた。

　イエスが山に登って、これと思う人々を呼び寄せられると、彼らはそばに集まって来た。そこで、十二人を任命し、使徒と名付けられた。彼らを自分のそばに置くため、また、派遣して宣教させ、悪霊を追い出す権能を持たせるためであった。こうして十二人を任命された。シモンにはペトロという名を付けられた。ゼベダイの子ヤコブとヤコブの兄弟ヨハネ、この二人にはボアネルゲス、すなわち、「雷の子ら」という名を付けられた。アンデレ、フィリポ、バルトロマイ、マタイ、トマス、アルファイの子ヤコブ、タダイ、熱心党のシモン、それに、イスカリオテのユダ。このユダがイエスを裏切ったのである。

本日の聖書朗読では3章7−19節をお読みしましたが、説教では13節以下の弟子の選びを中心に、御言葉《みことば》に耳を傾けることにいたします。主は今「これと思う人々」を身元に呼び寄せておられます。それは「主の御心《みこころ》にかなった」人々のことです。主の招きに応えて人々が集まってきました。簡潔な記述ですが、荘厳な雰囲気を漂わせる出来事が展開されています。

主は集まって来た人々の中からさらに十二人を選び出し、彼らを「使徒」と名付けられました。十二人の弟子集団の誕生です。その目的は何でしょうか。「彼らを自分のそばに置くため、また、派遣して宣教させ、悪霊を追い出す権能を持たせるためであった」と記されています。一つの目的は、彼らを主のもとにおいて寝食を共にしながら、神の国について教え、神に従って生きるとはどういうことかを身につけさせるためでした。いわば信仰教育と訓練が目的でした。彼らは、主から直接教えを受け、信仰の神髄を正しく理解し、人々に福音を伝えるにふさわしい言葉と生き方を身につけることが求められています。

そのようにして訓練された十二人は、次に主のもとから派遣されます。語るべき神の国についての言葉を携えて、また必要に応じて病める人を癒すことができる力を備えられて、彼らは主のもとから多くの人々のところへと遣わされるのです。そのための主のもとにおける教育と訓練でした。主は別の箇所で次のように語っておられます。「父がわたしをお遣わしになったように、わたしもあなたがたを遣わす」（ヨハネ20・21）。宣教活動の連鎖は、こうして終末の時まで続きます。教会は今、その連鎖の中に置かれているのです。わたしたちも主によって招かれ、主によってこの世へと遣わされる者たちです。

こうして十二人が選ばれ遣わされるのですが、その名前が16―19節に記されています。他の福音書にも違ったかたちで弟子の一覧表が掲載されていますが、共通しているのは1番めにシモン・ペトロ、そして12番めにイスカリオテのユダの名が記されていることです。この十二人の弟子たち・使徒たちの間に、主によって選ばれるのにふさわしいと思われる共通の規準というものがあるのでしょうか。漁師出身の人、徴税人の仕事をしていた人、政治的な活動をしていた思われる人、ここにしか名前がなくてその人物についてはとんど知りえない人など、さまざまな人が弟子として集められています。しかし彼らの中に、共通の規準というものを見出すことが困難です。唯一共通の規準があるとすれば、人の思いを超えて、彼らは「主が、これと思う人々」であったということです。主ご自身が彼らをご自分の弟子として望まれたということです。

わたしたちに関しても同じことが言えます。なぜわたしが主によって選ばれ、信仰者とされたのか、その規準は何なのかと問うても答えは出てきません。ただ、主なる神が選んでくださったということのみです。「あなたがたがわたしを選んだのではない。わたしがあなたがたを選んだ」（ヨハネ15・16）。わたしたちはこの聖なる事実に立って畏れと喜びをもって信仰者として生きていくのです。

# 17 聖霊と悪霊

マルコによる福音書3章20―30節

イエスが家に帰られると、群衆がまた集まって来て、一同は食事をする暇もないほどであった。身内の人たちはイエスのことを聞いて取り押さえに来た。「あの男は気が変になっている」と言われていたからである。エルサレムから下って来た律法学者たちも、「あの男はベルゼブルに取りつかれている」と言い、また、「悪霊の頭の力で悪霊を追い出している」と言っていた。そこで、イエスは彼らを呼び寄せて、たとえを用いて語られた。「どうして、サタンがサタンを追い出せよう。国が内輪で争えば、その国は成り立たない。家が内輪で争えば、その家は成り立たない。同じように、サタンが内輪もめして争えば、立ち行かず、滅びてしまう。また、まず強い人を縛り上げなければ、だれも、その人の家に押し入って、家財道具を奪い取ることはできない。まず縛ってから、その家を略奪するものだ。はっきり言っておく。人の子らが犯す罪やどんな冒瀆の言葉も、すべて赦される。しかし、聖霊を冒瀆する者は永遠に赦されず、永遠に罪の責めを負う。」イエスがこう言われたのは、「彼は汚れた霊に取りつかれている」と人々が言っていたからである。

主イエス・キリストの評判は、この方は「神から遣わされた方だ」というものと、「サタンの手下だ」という二つのものがありました。今日の場面には、後者に属する人々が登場します。その一つの集団は、イエスの身内の人たちでした。彼らはイエスは気が変になっているという噂を聞いて、取り押さえにやって来たのです。もう一つの集団はエルサレムから来た律法学者たちです。彼らは主イエスがなさっている神の国についての新しい教えとか癒しの業《わざ》とかを見聞きして、「イエスはサタンのかしらであるベルゼブルの力に支配されている」と思い込んで、人々に主イエスを信じることをやめさせようとしています。彼らはイエスの背後に神がおられることを見ようとはしないのです。

それに対して主はまず三つのたとえによって、彼らの批判の間違いを明らかにされます。その内容は、サタンの世界であれ、国であれ、家であれ、内輪で争っていては、それらは成り立たないというものです。主は今、悪霊にとりつかれた人や病の人を癒しておられる、それはある意味ではサタンに対する制圧である、という認識をもっておられます。それゆえご自分の力はサタンからのものではなく、神からのものであることを明らかにしておられるのです。

さらに主は、強盗がある家に押し入るとき、まずその家の一番強い者をしばりあげるというたとえで、ご自分が来られたのは人の世界を苦しめている「死」という最も強力なものを打ち破って、新しい神の時代が来たことを証明するものである、と告げておられます。それゆえ主の復活後も続くサタンの攻撃によるさまざまな悪しきことや苦難や病は、かしらがすでに滅ぼされたのだから、それらもついには滅ぼされる、ということなのです。これは難解な面がありますが、主の死からの復活はサタンに対する主の勝利であることを告げています。

主はさらに極めて重要なことを告げておられます。一つは、人が犯す罪は赦されるということ、第二は、しかし聖霊を冒瀆する者は赦されることがないということです。罪が赦されることは自動的に起こることではなくて、悔い改める者に主なる神が赦しを用意しておられるということを意味しています。人は罪を犯す存在です。福音はわたしたちの罪を暴きます。しかしそれで終わりません。悔い改めて祈る者に、神は赦しを与えてくださるのです。聖霊の力によって、わたしたちは罪を赦されたものとしての確信に立って生きることができるのです。福音を聞くとはそこまで聞き取ることです。わたしたちは「使徒信条」において、聖霊の神の働きとしての罪の赦しを信じる、と告白しています。

しかし、主イエスの働きをサタンの力によるものと考え、また聖霊の神を否定し、聖霊の神による罪の赦しを受け入れない者は、罪を赦されることはないと主ははっきり述べておられます。なぜなら、罪の赦しをわたしたちのものとしてくださる聖霊なる神を否定し、拒むことは、そのまま自ら赦しを拒絶していることになるからです。わたしたちは「罪を赦された者」として生きることの招きと恵みを主イエスから受けています。わたしたちは神のみから来るその恵みの中で、伸びやかに生きてよいのです。

18

# 主イエスの兄弟とはだれか

マルコによる福音書3章31―35節

イエスの母と兄弟たちが来て外に立ち、人をやってイエスを呼ばせた。大勢の人が、イエスの周りに座っていた。「御覧なさい。母上と兄弟姉妹がたが外であなたを捜しておられます」と知らされると、イエスは、「わたしの母、わたしの兄弟とはだれか」と答え、周りに座っている人々を見回して言われた。「見なさい。ここにわたしの母、わたしの兄弟がいる。神の御心を行う人こそ、わたしの兄弟、姉妹、また母なのだ。」

教会の伝道の働きにおいて、家族伝道はいつも大きな課題として語られます。教会は何よりもまず身内の者に伝道すべきであって、それがうまくいっていないのに、教会の外への伝道はうまくいくはずがない、と言われることもあります。その主張に耳を傾けなければならない面はありますが、しかし、家族伝道がうまくいっているときにのみ外への伝道が許されるというのは、現実的ではありません。わたしたちはその両方に取り組まなければならないのです。

主イエスの場合、家族との関係はいかなるものだったでしょうか。主イエスの宣教活動の初期には、イエスに対する家族の無理解が目立ちます。21節には身内の人がイエスを取り押さえに来たと記されており、31節以下では主イエスの母や兄弟たちがイエスを家に連れ戻そうとしている様子も描かれています。彼らは、イエスは「気が変になった」と考えていて、イエスのそばに近づこうとはしていません。それは彼らがイエスが教えておられることに耳を傾ける意思をもっていないことを表しています。

主イエスはそのような身内の人に関して、「わたしの母、わたしの兄弟とはだれか」と突き放すようなことを語っておられます。何かとても冷たいものを感じさせられる言葉です。主がここで明らかにしようとしておられることは、主ご自身の行動・あり方を決定する者は、血のつながりのある者たちではない、ご自身をこの世に遣わされた天の父のみがその方である、ということです。ですから、母や兄弟がイエスのあり方を肉の関係で支配しようとしても、それに従うことはできない、というのが主イエスの主張です。

そのあとに、主イエスの真の母や兄弟や姉妹は誰であるかを明らかにしておられます。それは、「神の御心《みこころ》を行う人」、その人々が真に主イエスの家族であるということです。すなわち神を父とする家族がそこにのみ形成されるのです。それは血肉による結びつきではなく、霊的な結びつきによる家族である、と言ってよいでしょう。その場合の神の御心《みこころ》を行うとはどういうことでしょうか。ヨハネ福音書(6・28―29)に次のような問答があります。弟子たちが「神の業《わざ》を行うためには、何をしたらよいでしょうか」と尋ねたのに対して、主は「神がお遣わしになった者を信じること、それが神の業である」と答えられた問答です。人が神の業を行うこと、御心を行うことの中心に、神が遣わされたイエスを救い主として信じることがあることがわかります。

これは、イエスの肉親たちにもそのまま当てはまることです。彼らは血肉の関係を超えて、イエスとの新たな関係へと招かれています。またこの主の招きは、地上において何の頼るべきものも誇るべきものももたず、何の功績もない人々に大きな慰めと励ましの言葉として響いています。なぜならそのような人々は、神の御心を行うこと、すなわち主イエスを救い主として信じることによって、神を父とする新しい家族の一員とされるからです。わたしたちの教会の祈りと願いは、この「神の家族」をさらに増やしていくことです。この家族は、決して閉ざされた集団ではないのです。主は次のように言っておられます。「わたしには、この囲いに入っていないほかの羊もいる。その羊をも導かなければならない」（ヨハネ10・16）。

19

# 種を蒔く人への約束

マルコによる福音書4章1―9、13―20節

イエスは、再び湖のほとりで教え始められた。おびただしい群衆が、そばに集まって来た。そこで、イエスは舟に乗って腰を下ろし、湖の上におられたが、群衆は皆、湖畔にいた。イエスはたとえでいろいろと教えられ、その中で次のように言われた。「よく聞きなさい。種を蒔く人が種蒔きに出て行った。蒔いている間に、ある種は道端に落ち、鳥が来て食べてしまった。ほかの種は、石だらけで土の少ない所に落ち、そこは土が浅いのですぐ芽を出した。しかし、日が昇ると焼けて、根がないために枯れてしまった。ほかの種は茨の中に落ちた。すると茨が伸びて覆いふさいだので、実を結ばなかった。また、ほかの種は良い土地に落ち、芽生え、育って実を結び、あるものは三十倍、あるものは六十倍、あるものは百倍にもなった。」そして、「聞く耳のある者は聞きなさい」と言われた。

また、イエスは言われた。「このたとえが分からないのか。では、どうしてほかのたとえが理解できるだろうか。種を蒔く人は、神の言葉を蒔くのである。道端のものとは、こういう人たちである。そこに御言葉が蒔かれ、それを聞いても、すぐにサタンが来て、彼らに蒔かれた御言葉

を奪い去る。石だらけの所に蒔かれるものとは、こういう人たちである。御言葉を聞くとすぐ喜んで受け入れるが、自分には根がないので、しばらくは続いても、後で御言葉のために艱難や迫害が起こると、すぐにつまずいてしまう。また、ほかの人たちは茨の中に蒔かれるものである。この人たちは御言葉を聞くが、この世の思い煩いや富の誘惑、その他いろいろな欲望が心に入り込み、御言葉を覆いふさいで実らない。良い土地に蒔かれたものとは、御言葉を聞いて受け入れる人たちであり、ある者は三十倍、ある者は六十倍、ある者は百倍の実を結ぶのである。」

主イエスは多くのたとえを語られましたが、今日取り上げます「種を蒔く人のたとえ」は特によく知られています。このたとえ話の形式上の特徴は、最初にたとえそのものが語られて（3―9）、そのあとにたとえの説明がなされている（13―20）ことです。まずたとえそのものを見てみましょう。主は「よく聞きなさい」と呼びかけてこのたとえを語っておられますから、これは「聞くこと」に関する教えであると推測することができます。

農夫によって蒔かれた種が、四つの種類の土地に落ちました。みな同じ穀物の種です。「道端」に落ちた種は芽を出すことなく、鳥についばまれて消えました。「石だらけで土が少ない所」に落ちた種は、すぐ芽を出しましたが、強い日照によって枯れてしまいました。「茨が生えている地」に落ちた種は、成長しましたが、茨の勢いに負けて実を結ぶことはできませんでした。そして四番めの種は「良い土地」に落ちたために多くの実を結びました。たとえの終わりにまた「聞くこと」に関する注意の言葉が語られています（9節）。

このようなことは実際の農業生活においてよくあることであったに違いありません。主はこれによって何を教えようとしておられるのでしょうか。説明の部分の初めの方で（14節）、次のように語られています。「種を蒔く人は、神の言葉を蒔くのである」。つまり、神の言葉、あるいは福音の言葉を宣べ伝えるときに、ひとの聞き方によって、御言葉《みことば》が消えてしまうか、あるいは力ある信仰が興されるかの大きな違いが生じるということを、種まきのたとえをとおして語っておられるのです。そして主は、実りが生じるような聞き方をしなさいと訴えておられます。

道端のような聞き方とは、御言葉に対して初めから拒否反応を示す人です。石地のような人は、御言葉を聞いたときすぐそれに飛びつくけれども、少しばかりつらいことが起こったら御言葉を捨ててしまう人のことです。茨の地のような人は、御言葉を最初は受け入れて喜びますが、その内、諸々の思い煩いやこの世的欲望に心を惹かれて、どっちつかずになってしまう人のことです。そして四番めの良い土地のような人は、御言葉を心をからっぽにして聞いて、また謙虚に受け入れて、その中にある神の命の約束を人間にとって最も大切なものとして受け止めることができている人のことです。そのような人は心の耳が神に向かっている人です。

主はこのたとえによって、神の言葉は人に受け入れられることを待っている、だから御言葉を受け入れてそれに従って生きる者となるようにと、多くの人に呼びかけておられるのです。その呼びかけを聞くわたしたちは、自分自身の御言葉の聞き方を再吟味することが求められています。

またこのたとえには、種蒔き人の働きが無駄になったと思えるようなことが多々あっても、必ず実りを結ぶ種があるということも強調されています。それによって、神の言葉の種まきに励む者たちに祝福の約束を与えておられます。今日の教会の伝道の働きに対する希望の約束がここにあります。この約束を信じて、わたしたちは御言葉の種まきに励まなければなりません。これもこのたとえから聞き取るべき大切なメッセージです。

20

# 神の国の秘密

マルコによる福音書4章10―12節

イエスがひとりになられたとき、十二人と一緒にイエスの周りにいた人たちとがたとえについて尋ねた。そこで、イエスは言われた。「あなたがたには神の国の秘密が打ち明けられているが、外の人々には、すべてがたとえで示される。それは、／『彼らが見るには見るが、認めず、／聞くには聞くが、理解できず、／こうして、立ち帰って赦されることがない』／ようになるためである。」

主イエスが多くのたとえを用いて語られることに関して、弟子たちが質問しました。それは「種を蒔く人のたとえ」を語られた後です。その質問は、なぜたとえで話されるのですかというこことや、種を蒔く人のたとえはどういう意味ですかといったものでした。その最初の質問に対する主のお答えが、10―12節に記されています。難しい内容ですが、ご一緒に考えてみましょう。

主はまず「あなたがたには神の国の秘密が打ち明けられている」と述べておられます。ここでの「あなたがた」とは、十二弟子やいつも主のそば近くにいる人々をさしています。彼らは主に従う中で、たとえ話であれ直接的な神の国の教えであれ、それらをとおして御心《みこころ》を知ることができる機会を多く与えられていました。また主の生き方によって、神に従って生きることの手本を示されることもありました。そのようにして彼らは神の国に生きるとはどういうことかを知ることができたのです。主のそば近くいるということは、とても大切なことです。物理的距離の近さは、霊的距離の近さに結びつきます。

一方「外の人々」（11節）はどうでしょうか。外の人々とは、主を遠巻きにして物理的にも精神的にも、意図的に主に近づこうとはしない人々のことです。律法学者やファリサイ派の人々、さらにこの時点では、主の身内の人々もそれに属しています。彼らは主の教えを音声としては聞くけれども、自分たちの生き方との関連の中でそれに耳を傾けることはしませんし、主のお言葉を心の内に迎え入れることもしませんでした。逆に主のあげ足を取ろうとしたり、神冒瀆で訴えるきっかけを掴もうと虎視眈々と狙ってさえいました。そういう姿勢でしたから、彼らには主の教えによって神のもとに立ち帰って赦しを祈り願うなどということは起こらなかったのです。そうしたことは、すでに旧約の預言者イザヤが預言していたことであるということで、主はイザヤ書6章9－10節を引用しておられます。その言葉には預言者イザヤの嘆きが込められています。旧約の時代だけではなく、救い主イエス・キリストが地上においでになったときにも、そうした人々が多くいたのです。「赦されることはない」（12節）との結果の責任は、彼ら自身が負わなければならないことでした。

ここで注意しなければならないことは、神が初めから人々の間に、赦される人と赦されない人の区別をお決めになったのではない、ということです。主はいつも「わたしにはこの囲いに入っていないほかの羊もいる。その羊をも導かなければならない」（ヨハネ10・16）との思いで、御言葉《みことば》を語られました。今そば近くにいる人々だけでなく、「外」にいる人々も、主は招いておられるのです。「内」と「外」は固定化されたものではありません。その違いは神の言葉そのものであられるイエス・キリストといかに向き合うかによって決定づけられるのです。神は御言葉においてわたしたちに決断を迫っておられます。「外」にいる人に、御言葉が語られ続けるならば、御言葉に秘められている神の力がその人を「内」へと導き入れてくださることでしょう。それを信じてわたしたちは、「外」の人々に御言葉を運んで行くのです。

21

# あらわになる神の国

マルコによる福音書4章21―25節

また、イエスは言われた。「ともし火を持って来るのは、升の下や寝台の下に置くためだろうか。燭台の上に置くためではないか。隠れているもので、あらわにならないものはなく、秘められたもので、公にならないものはない。聞く耳のある者は聞きなさい。」

また、彼らに言われた。「何を聞いているかに注意しなさい。あなたがたは自分の量る秤で量り与えられ、更にたくさん与えられる。持っている人は更に与えられ、持っていない人は持っているものまでも取り上げられる。」

今日の主イエスのお話しは、4章10―12節と同じように、十二弟子や主のそば近くにいた人たちに対して語られたものと考えられます。主イエスは格言風、あるいはことわざ的な短いたとえをとおして、人は神の言葉といかに向き合うべきかを教えておられます。ここには四つのたとえがありますが、それぞれについて短く考えてみましょう。

第一は「ともし火を持って来るのは、升の下や寝台の下に置くためだろうか。燭台の上に置

くためではないか」というものです。これは、明かりは物陰においてもその本来の役を果たすことはできない、燭台の上においてこそその役割を果たすことができる、という意味です。すなわち、神の言葉である福音は、ひそかに語られるものではなく、高々と掲げられて人々の前に堂々と差し出されなければならない、ということを主は教えておられます。

第二は「隠れているもので、あらわにならないものはなく、秘められたもので、公にならないものはない」です。これは本来、何かをどんなに隠蔽しても、いずれはそれは明るみに出るという意味です。これが福音に適用されるとどうなるでしょうか。それは、初めのうちは福音の真理はヴェールがかかったもののように覆われていても、必ず人々が理解できるものとして明らかになってくるということです。種まきから実りまで時間がかかるように、御言葉《みことば》を聞いてから信仰が芽生えるまでも多くの時間が必要である、しかしついには実りの時が来るのだ、という約束が語られているものでもあります。

第三のものは「あなたがたは自分の量る秤で量り与えられる」というものです。これは本来商売上の戒めで、不正な秤を用いて何かを売った者は、自分が買うときにも同じ不正な秤で買わなければならなくさせられるという戒めです。福音に関してそれははどうなるでしょうか。小さく見積もってしか福音を聞かない者は、小さくしか与えられない、しかし、大きな期待をもち、真っ白な紙のような気持ちで福音に向き合うものは、豊かな恵みと賜物を受けるであろう、という約束が語られているものです。

第四のものは「持っている人はさらに与えられ、持っていない人は持っているものまでも取り上げられる」です。これは神の言葉を聞く姿勢を正しくもっている者は恵みを豊かに与えられ、逆にへりくだりや熱心を伴わない傲慢な聞き方をする者は、それ相当のものしか受け取ることができない、という戒めです

このように四つのたとえはいずれも、正しく聞きなさいという警告とともに、謙虚な思いと熱心をもって神の言葉に耳を傾ける者は、救いの恵みを豊かに受け取ることができるとの祝福の約束を語ったものです。神の言葉には、神ご自身の存在の重みと命が伴っています。そうであるならば、それに耳を傾けるわたしたちも自分の人格を傾けて御言葉と向き合わなければなりません。そうすることができるとき、わたしたちは御言葉の中に神の命の鼓動を聞き取って、それがわたしたち自身の命の鼓動となることでしょう。そのような恵みに満ちた御言葉を共に聞く場へと人々を伴うこと、それが御言葉を正しく聞く者たちの務めです。

## 22 小さな種、大きな実り

マルコによる福音書4章26－34節

また、イエスは言われた。「神の国は次のようなものである。人が土に種を蒔いて、夜昼、寝起きしているうちに、種は芽を出して成長するが、どうしてそうなるのか、その人は知らない。土はひとりでに実を結ばせるのであり、まず茎、次に穂、そしてその穂には豊かな実ができる。実が熟すと、早速、鎌を入れる。収穫の時が来たからである。」

更に、イエスは言われた。「神の国を何にたとえようか。どのようなたとえで示そうか。それは、からし種のようなものである。土に蒔くときには、地上のどんな種よりも小さいが、蒔くと、成長してどんな野菜よりも大きくなり、葉の陰に空の鳥が巣を作れるほど大きな枝を張る。」

イエスは、人々の聞く力に応じて、このように多くのたとえで御言葉を語られた。たとえを用いずに語ることはなかったが、御自分の弟子たちにはひそかにすべてを説明された。

主イエスの短いたとえ話が続いています。今日は26－29節の「成長する種のたとえ」と、

30―32節の「からし種のたとえ」の二つです。それぞれについて考えてみましょう。

最初のものは、土の中に蒔かれた種が人の力によらないで成長していき、そしてついに実が熟して刈り入れの時が来るまでの様子を描いたものです。これは、種が本来もっている生命力の不思議さや神秘さを強調したものです。それによって主は、そこで働く人の力を超えた神の力の神秘さに人々の目を向けさせようとしておられます。このたとえによって、御言葉《みことば》の種が蒔かれて、それが少しずつ成長し、いくつかの段階を経ながら、ついには教会というかたちあるものが形成されるということが示唆されています。

実際の種まきの時に人間の働きが欠かせないように、御言葉の種まきにおいても人の働きは欠かせないものです。祈りや学びや交わり、そして証しなどの働きをとおして、御言葉のもとに人々が結集して、教会が形作られます。しかしそのような出来事の本来的な原動力は、人間の力をはるかに超えた神の力です。使徒パウロは次のように述べています。「わたしは植え、アポロは水を注いだ。しかし成長させてくださったのは神です。ですから大切なのは、植える者でも水を注ぐ者でもなく、成長させてくださる神です」（コリント一3・6―7）。

この成長させてくださる神に常に目を注ぎ、この方への熱い信頼に立って、わたしたちはただひたすら御言葉の種まきと水注ぎをしていけばよいのです。結果は、神がもたらしてくださるでしょう。

第二のたとえは「からし種のたとえ」と言われるものです。どんな種よりも小さいからし種が成長すると、想像できないほどの大きさになり、その枝に鳥が巣を作るほどになるという内容です。小さい始まりの中に、大きな実りが隠されています。主イエスの宣教活動も同じでした。神から派遣されておひとりで御言葉を宣べ伝え始められた主は、やがて十二人の弟子を集められました。さまざまな困難に遭遇しながら、主は十二人と共に神の国のことを人々に語っていかれました。弟子たちがこのたとえを聞いている時点では、主の周りにいる人々はほんのわずかでした。十字架の死の時には、その十二人も散り散りになってしまいました。しかし、主の復活後彼らは再結集され、主の復活を宣べ伝える者とされ、やがて教会の設立へと導かれていきました。主はいつも「このままで終わることはない」と弟子たちを励まし続けられたのです。

地上のすべての教会も同じです。わたしたちの佐賀めぐみ教会も同様です。一人から、あるいは二、三人から始められた宣教の業《わざ》は、「一人が種をまき、別の人が刈り入れる」（ヨハネ4・37）ということの連続や積み重ねの中で、やがて形あるものとなっていきます。成長させてくださる方が必ずそうしてくださるのです。その間のさまざまな困難や戦いを主はご存じです。その上でなお主は、わたしたちを種まきのために用いられます。わたしたちはそれにお応えしなければなりません。主がその先に豊かな実りを用意してくださっているからです。

23

# なぜ怖がるのか

マルコによる福音書4章35―41節

その日の夕方になって、イエスは、「向こう岸に渡ろう」と弟子たちに言われた。そこで、弟子たちは群衆を後に残し、イエスを舟に乗せたまま漕ぎ出した。ほかの舟も一緒であった。激しい突風が起こり、舟は波をかぶって、水浸しになるほどであった。しかし、イエスは艫の方で枕をして眠っておられた。弟子たちはイエスを起こして、「先生、わたしたちがおぼれてもかまわないのですか」と言った。イエスは起き上がって、風を叱り、湖に、「黙れ。静まれ」と言われた。すると、風はやみ、すっかり凪になった。イエスは言われた。「なぜ怖がるのか。まだ信じないのか。」弟子たちは非常に恐れて、「いったい、この方はどなたなのだろう。風や湖さえも従うではないか」と互いに言った。

主イエスは数多くの奇跡をなさいましたが、本日のテキストに記されているのものは自然界に対して主が特別な力を表された出来事です。主は多くの群衆に神の国についての話をなさった後、ガリラヤ湖の向こう側のゲラサ地方に向かうために弟子たちに「向こう岸に渡ろう」と声をかけられました。そのようにして主と弟子たちの舟は漕ぎ出されたのですが、途中で激しい突風と波のために大きな危機に遭遇しました。弟子たちは必死になって舟を沈没から守るために働きました。しかしその状況は「おぼれ死ぬ」とさえ感じるほどでした。

そのとき弟子たちは、主イエスが船尾の方で眠っておられるのに気がつきました。弟子たちは怒りを抑えながら、「先生、わたしたちがおぼれてもかまわないのですか」と声をかけ、主を起こしています。主は目を覚まされて、弟子たちに対してではなく波風に向かって「黙れ、静まれ」と叱られました。それによって「風はやみ、すっかり凪になった」のです。主は自然の力を制されました。そして弟子たちに対しては「なぜ怖がるのか。まだ信じないのか」と語りかけておられます。これがガリラヤ湖の嵐の舟の中で起こった出来事です。

主は弟子たちの何を問題にされているのでしょうか。「まだ信じないのか」によって知ることができるのは、主は弟子たちがすでに主に対して強い信頼をいだいていることを期待しておられたということです。寝食を共にし、神の国についての教えをくり返し聞かされ、主の奇跡をとおしての特別な力も体験してきた弟子たちでした。主はそうした弟子たちの内に主への揺るがない信頼が築き上げられていることを期待しておられたに違いありません。しかし嵐の中での弟子たちの心は、主が期待しておられるところにまでは達していませんでした。

嵐の湖の中で漂う舟は古来、教会を象徴するものとして受け止められてきました。舟には主がおられる、しかしその舟も嵐にあうことがある、それは教会も同じです。その中で弟子たちは主への信頼を見失って自分たちの力ではどうしようもないところにまで追い込まれている、地上の教会も同じです。そのとき主ご自身が立ち上がって舟のために力を発揮してくださり、舟と弟子たちを危機から免れさせてくださいました。地上の教会も同じです。教会を危機から守ってくださるのは、いつも主です。

さらにこのことは、信仰者個人のことにも当てはまります。主を信じる道を歩みながら、さまざまな嵐にあうわたしたちです。慌てふためき、必死で自分の知恵と力でそれに対抗しようとします。しかしついに力尽きたところで主を思い出し助けを求めると、主はわたしたちを危機から助け出してくださいました。波に向かっての「ここまでは来てもよいが越えてはならない」（ヨブ38・11）との言葉のように、この世の荒波を制してくださるのです。弟子たちと共に舟を漕ぎ出された主が弟子たちを嵐から守られたように、この世に生きる信仰者を集めて、自らかしらとなって教会を結集された主は、「波にもまれてもなお沈まない」ものとして教会を守り、信仰者一人ひとりの歩みを支えてくださいます。だから「怖がらなくてよい」のです。

# 24 墓場を住まいとする人

マルコによる福音書5章1―10節

一行は、湖の向こう岸にあるゲラサ人の地方に着いた。イエスが舟から上がられるとすぐに、汚れた霊に取りつかれた人が墓場からやって来た。この人は墓場を住まいとしており、もはやだれも、鎖を用いてさえつなぎとめておくことはできなかった。これまでにも度々足枷や鎖で縛られたが、鎖は引きちぎり足枷は砕いてしまい、だれも彼を縛っておくことはできなかったのである。彼は昼も夜も墓場や山で叫んだり、石で自分を打ちたたいたりしていた。イエスを遠くから見ると、走り寄ってひれ伏し、大声で叫んだ。「いと高き神の子イエス、かまわないでくれ。後生だから、苦しめないでほしい。」イエスが、「汚れた霊、この人から出て行け」と言われたからである。そこで、イエスが、「名は何というのか」とお尋ねになると、「名はレギオン。大勢だから」と言った。そして、自分たちをこの地方から追い出さないようにと、イエスにしきりに願った。

わたしたち人間にとって屈辱を覚えたり、耐えられない思いにさせられることは何でしょうか。人によって異なるかもしれませんが、おおむね共通のこととして、人間としての尊厳が奪われること、また自分の存在が無視されるということがあるのではないでしょうか。今日でも、ある人が他者の存在を傷つけることは人間疎外・人格否定というかたちで、現実にしばしば起こっています。

そのように人間としての尊厳が傷つけられたとき、人はどのような反応を示すでしょうか。その一つは外に向かう反応で、自分を守るための手段として暴力を用い、自分の存在を荒々しく主張するということがあります。今日登場する男は名前を聞かれたとき、ローマの軍隊を意味する「レギオン」という名で自分を言い表しているのも、その一つの表れです。他方、内面に向かう反応もあり、その場合は悔しさや悲しさや痛みが激しく自分を責めさいなみ、心と体の変調をきたすという痛ましい状態になってしまいます。その人は異常な精神状態、いわゆる「常軌を逸している」と人から見られる状態に陥るのです。

今日主が出会われた男の人は異邦のゲラサ人であり、「汚れた霊に取りつかれている」ということで説明されるような、自分の力では制御できない異常な精神状態に置かれています。そのため人々によって墓場に追いやられました。その惨めさの中で、彼は自分を縛る鎖や足かせを破壊するほどの力を表していました。しかし、それによって他者を傷つけることはしませんでした。自分自身を傷つけ、石で打ち叩き、大声をあげて日々を過ごしていました。人から傷つけられたくないという思いが、自傷行為を行わせているのです。

そこに主が現れました。ガリラヤ湖のほとりで、先に「向こう岸に渡ろう」（4・35）と言われた向こう岸とは、異邦のゲラサ人の地でした。墓場を住まいとしているこの人は、主イエスに出会ったとき「いと高き神の子、かまわないでくれ」と叫んでいます。精神の障がいの中にあっても、彼には聖なるもの・神なるものを見分ける力が備わっていたのかもしれません。さらに彼の「どうかわたしの邪魔をしないでほしい。ほっといてくれ」との叫びの背後に、これまで彼に関わった多くの人が彼を苦しめた過去が隠されているのを感じとることができます。彼は他者に干渉されたくないのです。しかしそれは裏を返せば、真実に自分を受け止めてくれる人を求めている切なる叫びの表れなのかもしれません。

主は彼の叫びにも拘らず彼に近づき、名前を尋ねられます。彼との間に人格的な結びつきを作るためです。主は、この人は汚れた霊に取りつかれているという判断をなさって、次のように命じられました、「汚れた霊、この人から出て行け」と。その応答として「自分たちをここから追い出さないで欲しい」という言葉が記されています。これは彼の中に取りついている汚れた霊たちの叫びですが、実際は、彼自身の声として発せられたに違いありません。彼と彼に取りついている汚れた霊たちは、区別できないほどに一体化していることがわかります。主イエスは「かまわないでほしい」とのこの人の叫びに対して、「わたしはあなたに関わりたいのだ」と言って、彼の癒しに取り掛かられます。そのようにして主との出会いが彼に起こり、彼は癒されるのです。今もその主は働いておられます。

25

# 悪霊からの解放

マルコによる福音書5章11－20節

ところで、その辺りの山で豚の大群がえさをあさっていた。汚れた霊どもはイエスに、「豚の中に送り込み、乗り移らせてくれ」と願った。イエスがお許しになったので、汚れた霊どもは出て、豚の中に入った。すると、二千匹ほどの豚の群れが崖を下って湖になだれ込み、湖の中で次々とおぼれ死んだ。豚飼いたちは逃げ出し、町や村にこのことを知らせた。人々は何が起こったのかと見に来た。彼らはイエスのところに来ると、レギオンに取りつかれていた人が服を着、正気になって座っているのを見て、恐ろしくなった。成り行きを見ていた人たちは、悪霊に取りつかれた人の身に起こったことと豚のことを人々に語った。そこで、人々はイエスにその地方から出て行ってもらいたいと言いだした。イエスが舟に乗られると、悪霊に取りつかれていた人が、一緒に行きたいと願った。イエスはそれを許さないで、こう言われた。「自分の家に帰りなさい。そして身内の人に、主があなたを憐れみ、あなたにしてくださったことをことごとく知らせなさい。」その人は立ち去り、イエスが自分にしてくださったことをことごとくデカポリス地方に言い広め始めた。人々は皆驚いた。

墓場を住まいとしていた男の人は、今主イエスと出会っています。主が彼の名を聞かれたことは、彼との深い関係の始まりです。ただ、この男の人の口から発せられる言葉は、わたしたちにとってはわかりにくいものがあります。それは、彼自身が言っているのか、それとも彼に取りついた汚れた霊どもが言っているのか、その区別ができないからです。「いと高き神の子イエス、かまわないでくれ」というのは彼自身の言葉でしょう。一方、自分たち（複数）をこの地方から追い出さないように願っているのは、彼の中にいる汚れた霊たちです。わたしたちは、彼自身と彼の安定を妨げている汚れた霊たちとが、区別されないほどに彼自身の中で一体化している険しい現実を見せつけられます。

次に難しく思われるのは、汚れた霊どもが彼の中から出て行って、そこにいた二千頭の豚に乗り移った現象です。何が起こったのでしょうか。ただ一つはっきりしていることは、この男の人が自分の中に住みついている霊が自分から出て行ったことを確信できるためには、それを証拠立てる目に見えるしるしが必要だったということです。そのしるしとして、乗り移った霊によって豚の大群が湖になだれ込むという特別な事象を主は起こされたのです。ここで別の視点から問題にされるのは、二千頭の豚の死です。それがひとりの人の癒しに必要だったとしても、豚の所有者の立場から言えば、貴重な財産が失われたことであり、大きな損失です。そのことに関しては、聖書は何も述べていません。今日的な価値観に立って主を責めることよりも、ひとりの失われた人が癒され、社会へと回復させられたことをわたしたちは喜ぶべきでしょう。

さて、主によって癒され、本来の姿に戻ったこの人は、主がこの地を離れようとされるとき、主に同行することを願い出ました。それは、自分を墓へ追いやったこの地の人々と共に住むことを忌み嫌ったからというよりも、主イエスと共に新しい生き方をしたいと願ったからではないでしょうか。主に従い、神の国のために仕えたいと彼は願っているのです。しかし主はそれを押しとどめて、この地に残って、自分の身内から始めてこの地の人々に主がしてくださった大きな憐れみの業《わざ》を宣べ伝えるように命じられました。郷里の人々に対して、彼は神の国の宣教の務めを与えられて、派遣されようとしています。彼が宣べ伝えることによって、郷里の人々に一時的な混乱が生じることがあるかもしれません。しかし、必ずその混乱を超えて平安と救いとがこの地にもたらされることを主は確信しておられます。彼は主の命令に従いました。

最後に現地の人々に目を向けてみましょう。外からやって来たイエスによって、さまざまな思いもよらないことを見せつけられた人々は、主イエスにこの地から出て行くことを求めました。侵入者によってこれ以上自分たちの生活を混乱させられたくないという思いからです。彼らは男の身に起こった事柄の中に神的なものを見ようとするよりも、自分たちの生活の安泰を選んだのです。「現状維持が安全」という生き方からは新しいものは生まれてきません。自分たちに構わないでほしいと願う今の時代の人々に、主が食い込んでくださることを願って、わたしたちも自分たちの生活の場で主の証しをいよいよ強めなければなりません。

# 26

# 少女よ、起きなさい（タリタ・クム）

マルコによる福音書5章21−24、35−43節

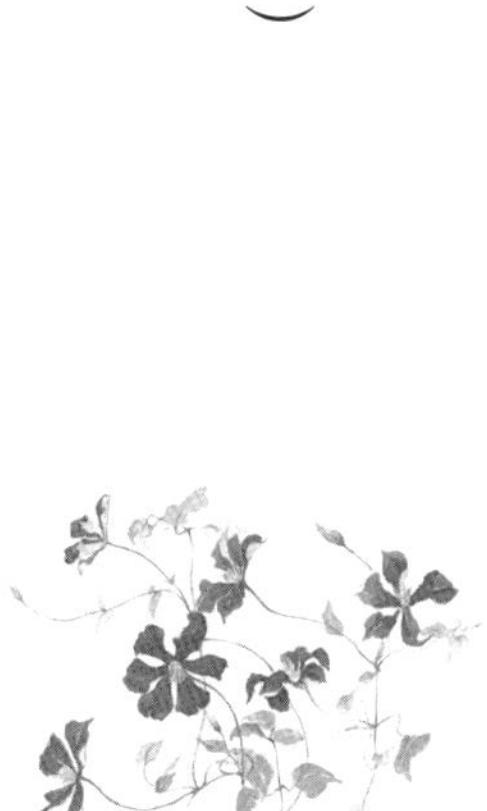

イエスが舟に乗って再び向こう岸に渡られると、大勢の群衆がそばに集まって来た。イエスは湖のほとりにおられた。会堂長の一人でヤイロという名の人が来て、イエスを見ると足もとにひれ伏して、しきりに願った。「わたしの幼い娘が死にそうです。どうか、おいでになって手を置いてやってください。そうすれば、娘は助かり、生きるでしょう。」そこで、イエスはヤイロと一緒に出かけて行かれた。

大勢の群衆も、イエスに従い、押し迫って来た。

イエスがまだ話しておられるときに、会堂長の家から人々が来て言った。「お嬢さんは亡くなりました。もう、先生を煩わすには及ばないでしょう。」イエスはその話をそばで聞いて、「恐れることはない。ただ信じなさい」と会堂長に言われた。そして、ペトロ、ヤコブ、またヤコブの兄弟ヨハネのほかは、だれもついて来ることをお許しにならなかった。一行は会堂長の家に着いた。イエスは人々が大声で泣きわめいて騒いでいるのを見て、家の中に入り、人々に言われた。「なぜ、泣き騒ぐのか。子供は死んだのではない。眠っているのだ。」人々はイエスをあざ笑っ

た。しかし、イエスは皆を外に出し、子供の両親と三人の弟子だけを連れて、子供のいる所へ入って行かれた。そして、子供の手を取って、「タリタ、クム」と言われた。これは、「少女よ、わたしはあなたに言う。起きなさい」という意味である。少女はすぐに起き上がって、歩きだした。もう十二歳になっていたからである。それを見るや、人々は驚きのあまり我を忘れた。イエスはこのことをだれにも知らせないようにと厳しく命じ、また、食べ物を少女に与えるようにと言われた。

「わたしの娘が死にそうです」、これは聖書におけるある父親の叫びです。これに似た訴えや叫びは今日でも聞かれます。あらゆるところで命が危機にさらされています。その叫びがしばしば空しく消えてしまうのは、それが、その叫びを正しく受け止めてくださる方に向けられていないからかもしれません。聖書においては、その叫びが主イエスに向けられることによって、娘の命が救われた物語が記されています。その出来事に耳を傾けてみましょう。

ユダヤ教の集会所（会堂）において責任をもっている会堂長のヤイロという人物が、死にそうな娘のために今、主イエスのもとにやって来て、この訴えをしています。このことはヤイロにとってはある種の冒険でした。なぜなら、そのころすでにユダヤ人たちの間にイエスに対する殺意を抱く者たちが現れていたからです（3・6参照）。そういう中でユダヤ人の指導者が主の前にひれ伏すことは、人々の反感を買って、彼自身の身に危険を招くことになるかもしれないからです。しかしヤイロにおいてはその恐れよりも、娘に対する愛の方が勝っていました。その愛が彼を主のもとに走らせているのです。

主は、ヤイロの訴えを聞いてヤイロの家に向かわれます。「よし、行こう」とすぐに動き出される主のお姿に、わたしたちは平安と希望を抱かせられます。しかしその道行きの途中で、中断を余儀なくさせられることが起こりました。それは長い間出血の止まらない女性が主に癒しを求めたことです。主はこの女性にも丁寧に対応されるのですが、気になるのはヤイロの気持ちです。「早く家に案内したい」という焦る気持ちが、主に対する信頼を薄くしてしまわないだろうかと考えさせられます。わたしたちもしばしば、主のわたしたちへの関わり方がのろい、遅いと感じることがあるかもしれません。わたしたちは身勝手に主に対して、自分の方だけを見ていてほしいと願うのです。

さらにヤイロにとって次の試練が襲います。それはヤイロの家の人たちがやって来て、「娘さんは亡くなりました。主イエスに来ていただくには及びません」と告げたからです。死んだ者はもはやどうすることもできないという考えが家の人たちにあることがわかります。ヤイロはどうしたでしょうか。彼は岐路に立たされています。しかし主はヤイロの判断を待つことなく、「恐れることはない。ただ信じなさい」と言って、ヤイロの家に向かって行かれます。少女の死の知らせは、主にとっては何の妨げにもならないのです。

ヤイロの家に着くと人々は少女の死を悼んで泣き騒いでいました。しかし主は構うことなく娘のもとに行き、「タリタ、クム」と言われました。それはアラム語で、「少女よ、起きなさい」という意味です。あたかも眠っている子を起こすかのように声をかけておられます。その言葉によって少女は起き上がりました。生き返ったのです。主なる神の力が御子《みこ》イエスを通して驚くべき事態を生じさせています。これは、やがて起こる主イエスの死からの復活の予兆ですし、また終わりの時のわたしたちの「からだのよみがえり」の約束のしるしです。主に結びついて死んだ者に、主は終わりの時にそれぞれの名を呼んで、「起きなさい」と声をかけて、死から命に移してくださるでしょう。わたしたちはその約束と希望のもとで、死すべき命を懸命に生きていかなければなりません。

# 27 主イエスに触れるとき

マルコによる福音書5章25―34節

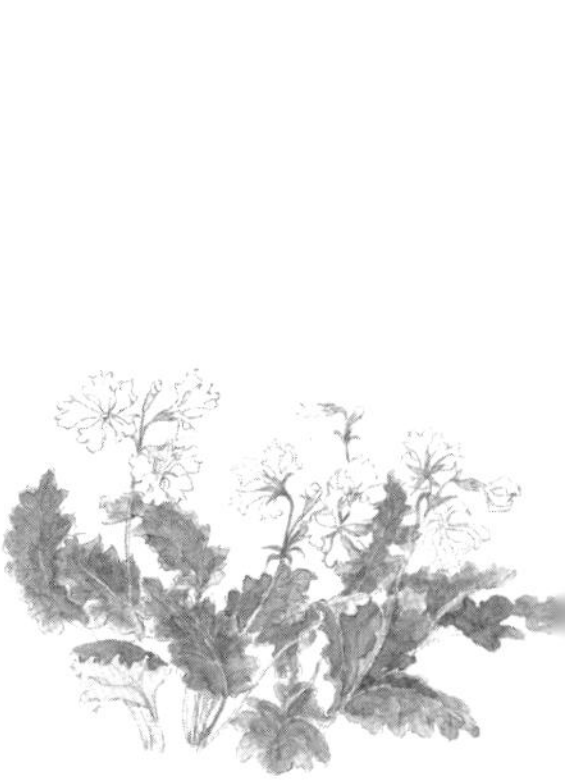

さて、ここに十二年間も出血の止まらない女がいた。多くの医者にかかって、ひどく苦しめられ、全財産を使い果たしても何の役にも立たず、ますます悪くなるだけであった。イエスのことを聞いて、群衆の中に紛れ込み、後ろからイエスの服に触れた。「この方の服にでも触れればいやしていただける」と思ったからである。すると、すぐ出血が全く止まって病気がいやされたことを体に感じた。イエスは、自分の内から力が出て行ったことに気づいて、群衆の中で振り返り、「わたしの服に触れたのはだれか」と言われた。そこで、弟子たちは言った。「群衆があなたに押し迫っているのがお分かりでしょう。それなのに、『だれがわたしに触れたのか』とおっしゃるのですか。」しかし、イエスは、触れた者を見つけようと、辺りを見回しておられた。女は自分の身に起こったことを知って恐ろしくなり、震えながら進み出てひれ伏し、すべてをありのまま話した。イエスは言われた。「娘よ、あなたの信仰があなたを救った。安心して行きなさい。もうその病気にかからず、元気に暮らしなさい。」

ここに記されている出来事は、主イエスが会堂長ヤイロの家に向かう途中で起こったことです。ここには12年間出血の止まらない病に苦しめられていた一人の女性が登場します。彼女は「多くの医者にかかって、ひどく苦しめられ、全財産を使い果たして何の役にも立たず、ますます悪くなるだけ」でした。さらに彼女にとっての苦しみは、旧約聖書に出血を続ける女性に関する規定があり、その人は不浄とみなされて、さまざまなことが禁じられていたことでした。肉体的に弱り、経済的に困窮し、宗教的・社会的に隔離された状態、それが彼女が置かれている絶望と孤独の状況でした。わたしたちは彼女が担っているこの苦しみをまず把握しておかなければなりません。

そういう中でも彼女の心の内には「どうしても治りたい」という強い思いが燃え続けていました。それが海の波が寄せては返すように彼女の中でうごめいています。その喘ぎの中で、彼女は主イエスの存在を知りました。そして治癒のために残されている道はこの方によるほかないという思いにさせられました。それで思い切って主のもとに行こうとするのですが、律法の規定が彼女を妨げます。群衆の中に出て行ってはならない、他の人と接触してはならない等の禁止条項が彼女の行動を制限します。しかし抑えがたい願いに押し出されて、彼女は主イエスを取り囲む群衆の中に紛れ込みました。それから先どうしたらよいのでしょうか。彼女は窮余の一策として主の後ろからそっとその服に触れるのです。「主の服に触れればいやしていただける」と思ったからです。

そのとき二つのことが起こりました。一つは、彼女が癒されたことです。もう一つは、主がご自身の内から力が出て行ったことに気づかれたことです。これらのことに関して、それぞれの体の内に何が起こったかを、わたしたちの知識や能力では説明することはできません。聖書に記されていることをそのまま信ずるほかありません。

主はご自分の服に触れた者を捜されます。主は、混雑の中で群衆のだれかがたまたま主の服に触れることと、何かの願いや祈りを込めて触れることとを識別することがおできになるのです。癒された女性は隠しとおすことはできないと思い、とがめられることを覚悟して、震えながら主の前に名乗り出てひれ伏します。しかし主は彼女をとがめたり叱責したりはなさいませんでした。かえって次のように語りかけておられます。「娘よ、あなたの信仰があなたを救った。安心して行きなさい」（34節）。主は彼女の内に〈信仰〉をご覧になりました。何が彼女の信仰なのでしょうか。ある人に信仰があるかないかを判断するのは、わたしたち人間ではなく、主ご自身です。主は、すべてを失った上で失敗すると完全に自分の存在を失ってしまうかもしれない状況の中で、主に頼り主の服に触れる行為に出たこの女性の主に対する一途な信頼を、〈信仰〉とみてくださっています。

出血の止まらない女性のかすかな指先の動きからさえもその人の苦悩と救いへの祈りを受け止められた主は、わたしたちの言葉にならない祈りにも応えてくださいます。わたしたちが自分自身を主に投げ出すとき、主もまたご自身の全力をわたしたちのために注ぎ出してくださるのです。

28

# 故郷で受け入れられない主イエス

マルコによる福音書6章1－6節前半

イエスはそこを去って故郷にお帰りになったが、弟子たちも従った。安息日になったので、イエスは会堂で教え始められた。多くの人々はそれを聞いて、驚いて言った。「この人は、このようなことをどこから得たのだろう。この人が授かった知恵と、その手で行われるこのような奇跡はいったい何か。この人は、大工ではないか。マリアの息子で、ヤコブ、ヨセ、ユダ、シモンの兄弟ではないか。姉妹たちは、ここで我々と一緒に住んでいるではないか。」このように、人々はイエスにつまずいた。イエスは、「預言者が敬われないのは、自分の故郷、親戚や家族の間だけである」と言われた。そこでは、ごくわずかの病人に手を置いていやされただけで、そのほかは何も奇跡を行うことがおできにならなかった。そして、人々の不信仰に驚かれた。

主イエスは弟子たちと共に各地を巡り歩かれた後に、青少年期を過ごされた故郷ナザレに帰られました。それは単なる里帰りではなく、福音宣教のためでした。初めてイエスの教えを聞いたナザレの人たちの反応がここに記されています。その反応は、「この人は、このような教えをどこから得たのだろうか。この人の行う奇跡はいったい何か」というものでした。かつて同じ土地で生活し、その家族構成もよく承知しているイエスに、人々は自分たちとの同質性を期待していたのでしょうが、その教えやなさる業《わざ》は、彼らの想像を大きく超えたものでした。そこに彼らの戸惑いや驚きが生じています。

彼らはその驚きの原因をさらに深めるべきでした。「この教えはどこから与えられたのか」、「このような業はいったい何に基づくものなのか」と、彼らの驚きの原因や由来や根拠を探求すべきでした。それによってこの人々は、イエスの背後におられる父なる神に出会うことができたでしょうし、また待望の救い主としてイエスに出会うことができたはずです。しかし彼らはそうはしませんでした。せっかくイエスの中にある特別なものに気づき、これはいったいどこからかとの大切な問いを抱きながら、その問いを中途半端に処理してしまったのです。彼らはイエスを特別な存在として見ることを拒んだのです。

彼らのそのような姿勢をある人は、「それはイエスの郷里の人々の自己愛が、彼らの目を真理に対して閉ざさせたのだ」と述べています。新しい生き方を求めるよりも、自分たちのこれまでの考えや生き方や習慣を重んじて、それを維持しようとする心が彼らを動かしているのです。そのためにイエスに対して拒絶反応が示されることになります。聖書では「人々はイエスにつまずいた」と表現されています。自分たちとの異質性が彼らにとっては大きな妨げとなって、主イエスの中に入り込むことができないでいるのです。

主イエスはそのような人々の姿を見て、おそらく当時のことわざの一つである次の言葉を語られました。「預言者が敬われないのは、自分の故郷、親戚や家族の間だけである」（4節）。過去の古い人間関係や価値観によって生きている人々にとって、新しい生き方や価値観は、その中にどれほど尊いものが含まれていたとしても、容易には受け入れられないものであることがわかります。

旧約時代の預言者エレミヤも人々から激しくあざけられ、退けられました。しかし、それでも彼の内に働く神の力によって語り続けました。主イエスは故郷で少ししか語ることができず、またわずかしか癒しを行うことができず、人々の不信仰に驚かれつつナザレを離れて行かれました。しかし、人々の拒絶は、主イエスにとっては新しい宣教への派遣の動機となるのです。

今の時代も、主がご覧になれば「その不信仰に驚かれた」と言われるような状況かもしれません。主イエスに関心をもつ人はいても、多くの人はその域を出ないのです。真剣に問うものが少ないのです。しかし、小さな関心から信仰の歩みが始まり得ることを思うとき、わたしたちは御言葉《みことば》の伝達の働きを決してやめるわけにはいきません。なぜなら御言葉の伝達の業は決して無駄に終わってしまうことはない、との確信がわたしたちにはあるからです。

# 29 弟子たちの宣教への派遣

マルコによる福音書6章6後半―13節

それから、イエスは付近の村を巡り歩いてお教えになった。そして、十二人を呼び寄せ、二人ずつ組にして遣わすことにされた。その際、汚れた霊に対する権能を授け、旅には杖一本のほか何も持たず、パンも、袋も、また帯の中に金も持たず、ただ履物は履くように、そして「下着は二枚着てはならない」と命じられた。また、こうも言われた。「どこでも、ある家に入ったら、その土地から旅立つときまで、その家にとどまりなさい。しかし、あなたがたを迎え入れず、あなたがたに耳を傾けようともしない所があったら、そこを出ていくとき、彼らへの証しとして足の裏の埃を払い落としなさい。」十二人は出かけて行って、悔い改めさせるために宣教した。そして、多くの悪霊を追い出し、油を塗って多くの病人をいやした。

主イエスはこれまで弟子たちをそばにおいて御言葉《みことば》を語ることや祈ることの訓練をしてこられました。そしていよいよ時が来たと主が思われたとき、十二人の弟子たちを二人一組にして宣教へと派遣されます。そのとき主が弟子たちに授けられた権能は、一つは人々を悔い改めに

導く御言葉を語ること、そしてもう一つは汚れた霊に取りつかれて病の中にある人を癒すことでした。これは主ご自身がなさった働きと同じものです。ということは、弟子たちの働きは主の業《わざ》の継続であり展開であることがわかります。弟子たち自身には語るべき言葉も病める人を癒す力もありません。彼らはそれを主から受け取るのです。

弟子たちは宣教に遣わされるにあたって、携えていくべきものとそうする必要のないものとの指示を主から受けました。携えるべきものは杖1本、履物をはき、下着も1枚だけが許可されました。一方、携える必要のないものとして、パン（食料）、袋（パンや衣類を入れるもの）、お金、下着は2枚以上はだめと言うものでした。宣教に出かけるときは身軽であれ、旅支度や旅先での生活に心を用いすぎるなという忠告が込められていますし、また、必要なものはその時々に与えられるという神への信頼を促しておられます。

弟子たちは主による派遣の言葉から、彼らが携えていくべきものは何よりも神の言葉であるというメッセージを聞き取らなければなりません。神の言葉を携えることを怠って、その他日常生活のことに心を奪われてはならないのです。弟子たち自身は土の器です。その器に盛るべきものは生活必需品ではなく、尊い神の言葉です。神の言葉が貧しくあってはなりません。主から正しく聞いて、喜びをもって人々に運ぶのです。

主はさらに宣教先でのことについても語っておられます。その一つは、弟子たちを迎え入れる家が見つかったら、その地の宣教活動の終わりまでそこにとどまり続けよ、もっと良い条件の住まいを探すことはするな、と言うものです。これも弟子たちを御言葉の宣教にのみ集中させるための忠告です。

さらにもし御言葉を受け入れず、弟子たちを迎え入れない人々がいたら、そこを離れるとき、足の裏の埃を払い落としなさい、ということも命じられました。これはわかりづらいかもしれません。この行為によって弟子たちは、そうした拒否反応を示す人々のことを神に委ねます、ということを言い表すことになります。こうして弟子たちの最初の宣教活動が始められ、実りが与えられました。

最後に今日の教会について考えてみましょう。弟子たちが主のもとから派遣されたように、教会もまた主によって各地に派遣された信仰者たちの集団です。主から派遣された教会は、主が弟子たちに託されたことと同じことを行うのです。神の御言葉を語って人々を悔い改めと救いに導くこと、癒しを必要としている人々のために、心を込めて祈り仕えること、そのようにして使命を果たしていきます。教会そのものは、貧しくもろい土の器にすぎません。しかし神ご自身が、真の命に至る尊い宝をその器に盛ってくださいます。教会はそれを人々に運ぶのです。さらに主は務めを果たすための力をも与えてくださいます。そのように宣教のためにすべてを整えてくださる教会のかしらである主に対する信頼を固くもって、福音宣教のために真剣に闘うことが、地上の教会のありようです。

30

# 洗礼者ヨハネの死

マルコによる福音書6章14―29節

イエスの名が知れ渡ったので、ヘロデ王の耳にも入った。人々は言っていた。「洗礼者ヨハネが死者の中から生き返ったのだ。だから、奇跡を行う力が彼に働いている。」そのほかにも、「彼はエリヤだ」と言う人もいれば、「昔の預言者のような預言者だ」と言う人もいた。ところが、ヘロデはこれを聞いて、「わたしが首をはねたあのヨハネが、生き返ったのだ」と言った。実は、ヘロデは、自分の兄弟フィリポの妻ヘロディアと結婚しており、そのことで人をやってヨハネを捕らえさせ、牢につないでいた。ヨハネが、「自分の兄弟の妻と結婚することは、律法で許されていない」とヘロデに言ったからである。そこで、ヘロディアはヨハネを恨み、彼を殺そうと思っていたが、できないでいた。なぜなら、ヘロデが、ヨハネは正しい聖なる人であることを知って、彼を恐れ、保護し、また、その教えを聞いて非常に当惑しながらも、なお喜んで耳を傾けていたからである。ところが、良い機会が訪れた。ヘロデが、自分の誕生日の祝いに高官や将校、ガリラヤの有力者などを招いて宴会を催すと、ヘロディアの娘が入って来て踊りをおどり、ヘロデとその客を喜ばせた。そこで、王は少女に、「欲しいものがあれば何でも言いなさい。お前にやろう」と言い、更に、「お前が願うなら、この国の半分でもやろう」と固く誓ったのであ

る。少女が座を外して、母親に、「何を願いましょうか」と言うと、母親は、「洗礼者ヨハネの首を」と言った。早速、少女は大急ぎで王のところに行き、「今すぐに洗礼者ヨハネの首を盆に載せて、いただきとうございます」と願った。王は非常に心を痛めたが、誓ったことではあるし、また客の手前、少女の願いを退けたくなかった。そこで、王は衛兵を遣わし、ヨハネの首を持って来るようにと命じた。衛兵は出て行き、牢の中でヨハネの首をはね、盆に載せて持って来て少女に渡し、少女はそれを母親に渡した。ヨハネの弟子たちはこのことを聞き、やって来て、遺体を引き取り、墓に納めた。

福音は、虐げられている人々や貧しい人々に対しては、「あなたも神の前に大切な存在である」という慰めをもたらします。一方、偽りの権威を盾に横暴にふるまう者に対しては、真の唯一の主であられるイエス・キリストをさし示すことによって、彼らに悔い改めとへりくだりを求めますし、人々には彼らは恐れるにたりない者であることを証しします。福音は、それぞれの状況の中にある人々にふさわしくその力を発揮するのです。

今日のテキストには、ガリラヤの領主ヘロデ（アンティパス）が洗礼者ヨハネを殺害するに至った経緯が記されています。彼はヘロデ大王の息子の一人で、ガリラヤ地方の王として君臨していました。ところが彼は自分の妻を追い出して、異母兄弟フィリポの妻ヘロディアを妻として招き入れました。それに対してヨハネは、「自分の兄弟の妻をめとることは、律法で許されていない」と厳しく非難しました。ヨハネは旧約の律法に基づいて、王の過ちを指摘したのです。そのことに怒りを覚えたヘロデは、ヨハネを捕らえて牢に入れましたし、妻ヘロディアはいつかヨハネを殺そうと狙っていました。しかしそれができないまま時が過ぎました。そしてついに、ヘロデは自分の誕生日の祝いの席で、ヘロディアの娘との「なんでも欲しいものを言え、叶えてあげる」との約束に縛られて、ヘロディアと娘の要求に応じてヨハネの首をはねてしまったのです。なんとも凄惨なことがなされました。ヨハネはヘロデに殺されたのです。

その後、主イエス・キリストの評判がガリラヤ地方に広がりました。そして人々は主イエスについて、「殺された洗礼者ヨハネが生き返ったのだ」とか、「旧約聖書に預言されている偉大な預言者が現れた」と言い始めました。そのことがヘロデの耳に入って、彼は今おびえています。罪には恐れが伴います。

わたしたちがここで注目したいのは、ヨハネはどうして王を告発するような勇気ある行動をすることができたのかということです。王の過ちについて誰も告発したり指摘したりする人がいない中で、ヨハネ一人が「ヘロデの行為は、神の御心《みこころ》に反している」と批判しました。彼のその勇気はどこから出てきたのでしょうか。それはひとことで言えば、彼は人を恐れるのではなく、神を畏れる者であったということです。それは、主イエス・キリストを知ることによって与えられた賜物でした。ヨハネは、主イエスの十字架や、死からのよみがえりについては知りません。彼はそれを知らないまま、早くに殺されてしまったからです。しかし、主の教えの本質はしっかりと捉えていました。主は言われました。「体は殺しても、魂を殺すことのできない者どもを恐れるな。むしろ、魂も体も地獄で滅ぼすことのできる方を恐れなさい」（マタイ10・28）。ヨハネはその教えのままに生き、そして死んでいったのです。

イエス・キリストの父なる神こそ「魂も体も地獄で滅ぼすことのできる方」です。この神がわたしたちを永遠の滅びから救い出すために、御子《みこ》を送ってくださいました。この主イエスと結びつくとき、わたしたちはこの世の悪しき権力に対する恐れや、死の恐怖から解放された生を送ることができます。主は言われました、「わたしは平安をあなたがたに残して行く」(ヨハネ14・27参照)と。

# 31 パン五つと魚二匹から

マルコによる福音書6章30―44節

さて、使徒たちはイエスのところに集まって来て、自分たちが行ったことや教えたことを残らず報告した。イエスは、「さあ、あなたがただけで人里離れた所へ行って、しばらく休むがよい」と言われた。出入りする人が多くて、食事をする暇もなかったからである。そこで、一同は舟に乗って、自分たちだけで人里離れた所へ行った。ところが、多くの人々は彼らが出かけて行くのを見て、それと気づき、すべての町からそこへ一斉に駆けつけ、彼らより先に着いた。イエスは舟から上がり、大勢の群衆を見て、飼い主のいない羊のような有様を深く憐れみ、いろいろと教え始められた。そのうち、時もだいぶたったので、弟子たちがイエスのそばに来て言った。「ここは人里離れた所で、時間もだいぶたちました。人々を解散させてください。そうすれば、自分で周りの里や村へ、何か食べる物を買いに行くでしょう。」これに対してイエスは、「あなたがたが彼らに食べ物を与えなさい」とお答えになった。弟子たちは、「わたしたちが二百デナリオンものパンを買って来て、みんなに食べさせるのですか」と言った。イエスは言われた。「パンは幾つあるのか。見て来なさい。」弟子たちは確かめて来て、言った。「五つあります。それに魚が二匹です。」そこで、イエスは弟子たちに、皆を組に分けて、青草の上に座らせるようにお命じ

になった。人々は、百人、五十人ずつまとまって腰を下ろした。イエスは五つのパンと二匹の魚を取り、天を仰いで賛美の祈りを唱え、パンを裂いて、弟子たちに渡しては配らせ、二匹の魚も皆に分配された。すべての人が食べて満腹した。そして、パンの屑と魚の残りを集めると、十二の籠にいっぱいになった。パンを食べた人は男が五千人であった。

主イエスは宣教に派遣した弟子たちの報告を受けられた後、弟子たちをしばらくの間、人里離れた所に送り出そうとしておられます。彼らに祈りの時を持たせようとしておられるのです。しかし多くの群衆がついて来て、主イエスと弟子たちから離れようとしません。そのような群衆を主は「深く憐れまれて」、さらに神の国についての話をしてくださいました。そうこうするうちに日が暮れ始めました。弟子たちは夕食の世話などのことが気になって、主に「群衆を解散させてください」と言っています。弟子たちはお世話をしたくないのでしょう。それに対して主は「あなたがたが彼らに食べ物を与えなさい」と言われました。群衆に対する弟子たちの務めを指示しておられます。

しかし、ここは人里離れた所でありすでに夕刻である、群衆が何千人もいる、自分たちには十分なお金の持ち合わせもない、そのようにさまざまに思いめぐらして、弟子たちは主の命令は無理だと考えました。普通に考えれば彼らは間違ってはいないでしょう。どんなに見積もっても無理だと結論づけるほかない状況です。しかし、彼らの計算には大事な要素が欠落していました。それは、〈主イエスの存在〉という要素です。弟子たちは自分たちにとっての不可能性を導き出していますが、そうする前にしなければならないことがありました。それは、そこに主がおられるという事実を認識すること、その主に「どうしたら良いでしょうか」と問い、助けを乞うことです。

主は人々が持っているものがパン五つと魚二匹であることを確認されました。弟子たちにとってはこれだけでは何の役にも立たないという少なさでした。しかし主はパンを取って神に祈りをささげ、それを裂いて人々に分け与えられました。魚も同様にされました。その結果、すべての人が満腹し、さらに食べ物の残りを集めると12の籠いっぱいになったのです。そこにいた人々は、男の数だけでも五千人ですから、女の人や子どもたちもいたとすれば、さらにその数は膨らみます。主は彼らの飢えを癒してくださいました。「人はパンだけで生きるものではない」と言われた主は、また「日毎の糧を与えてください」と祈ることも教えられたお方でした。人には霊の糧とともに、肉の糧も必要です。主はその二つを満たしてくださいます。

弟子たちにとっては「パンは五つしかない、魚は二匹しかない」としか思えない状況が、主にとっては「パンが五つもある、魚が二匹もある」という見方に変わります。その少なさの中に大きな可能性が秘められていることを主は弟子たちと人々に教えるために、それらを用いて人々の満腹を造り出してくださいました。わたしたちにとって「～しかない」と思えるものであっても、主にとっては「～もある」と言われるものとなります。人間にとって何の役にも立たないと思えるものが、主にとっては大いなる可能性を秘めたものとなります。教会も信仰者もそういう存在として、それぞれのところに置かれています。

ここでパンを人々に与えられた主が、わたしたちの霊の飢えと渇きのために差し出してくださる究極のパンは、主イエス・キリストご自身です。主こそ真の命のパンです。群衆の前で裂かれたパンと魚は、やがて十字架の上でわたしたち罪人のために裂かれる主ご自身の体をさし示しています。

# 32 わたしだ。恐れることはない

マルコによる福音書6章45―56節

それからすぐ、イエスは弟子たちを強いて舟に乗せ、向こう岸のベトサイダへ先に行かせ、その間に御自分は群衆を解散させられた。群衆と別れてから、祈るために山へ行かれた。夕方になると、舟は湖の真ん中に出ていたが、イエスだけは陸地におられた。ところが、逆風のために弟子たちが漕ぎ悩んでいるのを見て、夜が明けるころ、湖の上を歩いて弟子たちのところに行き、そばを通り過ぎようとされた。弟子たちは、イエスが湖上を歩いておられるのを見て、幽霊だと思い、大声で叫んだ。皆はイエスを見ておびえたのである。しかし、イエスはすぐ彼らと話し始めて、「安心しなさい。わたしだ。恐れることはない」と言われた。イエスが舟に乗り込まれると、風は静まり、弟子たちは心の中で非常に驚いた。パンの出来事を理解せず、心が鈍くなっていたからである。

こうして、一行は湖を渡り、ゲネサレトという土地に着いて舟をつないだ。一行が舟から上がると、すぐに人々はイエスと知って、その地方をくまなく走り回り、どこでもイエスがおられると聞けば、そこへ病人を床に乗せて運び始めた。村でも町でも里でも、イエスが入って行かれると、病人を広場に置き、せめてその服のすそにでも触れさせてほしいと願った。触れた者は皆いやされた。

主イエスは本当にガリラヤ湖の水の上を歩かれたのでしょうか。そうした素朴な疑問を抱かせられる出来事が本日のテキストに記されています。わたしたちは奇跡が「しるし」と呼ばれることを踏まえた上で、主による奇跡がどのようになされたかということよりも、それは何をさし示し教えようとしているのかに思いを向けながら、この出来事から教えられたいと願います。

五千人以上の人々にパンと魚を分け与えられた後、主は弟子たちに強いて向こう岸に渡ってしばらく休むことを指示されました。それは宣教活動や主による給食の奇跡などを経験した弟子たちに、これまでのことを振り返り、静かに祈る時をもたせることが主のご意図であったに違いありません。弟子たちは興奮状態の中で人々と共に主のなさったことについてもっと語り合いたいという思いもあったかもしれません。しかし主はそのような弟子たちを「強いて」人里離れた所に送り出されるのです。信仰にはある種の強制や制約が存在します。人間の意志よりも神の御意思によって動かなければならないという強制です。そうすることによってこそ、信仰者と教会は御心《みこころ》に叶った歩みをすることができるのです。「強いられた恩寵《おんちょう》」という言葉を思い出します。

一方主ご自身は、一人で祈るために山に登られました。主にとっても休息と祈りの時が必要だったのです。ところが山の上の主の目に、弟子たちの舟が逆風の中で漕ぎ悩んでいる様子が捉えられました。弟子たちは、沖にまで出た所で激しい向かい風のために前に進むことができなくなってしまいました。弟子たちには、こんな目にあうのだったら主のご命令に従わない方がよかった、という思いが生じていたかもしれません。彼らはこのようなときにこそ、数々の力ある業《わざ》をなさった主を思い出すべきだったのですが、それはできませんでした。むしろ主に対する不平不満の方が彼らの心を満たしていたことでしょう。

しかし、主は彼らの様子をご覧になっておられます。そして主は湖の上を歩いて弟子たちを助けるために舟に近づかれました。けれども弟子たちは薄暗い中で舟に近づいてくる人間のような姿を見たときに、幽霊だと思って恐怖におののきました。それはやむをえないことかもしれません。しかし聖書はそのときの弟子たちのことを次のように記しています。「パンの出来事を理解せず、心が鈍くなっていたから」(52節)。これはどういう意味でしょうか。心が鈍いとは、これまでの主の言動から主ご自身を十分に理解することのできなかった弟子たちの頑なな心、霊的鈍感さを表す言葉です。この言葉の背後に、弟子たちはもうとっくに、主は困難なときにこそ助けてくださるお方であることを確信してもよいはずなのだ、しかし彼らにはそれができていない、ということが暗示されています。弟子たちのこれまでの体験と主との交わりが、まだ彼らの信仰の力になっていなかったことを示すこの出来事をとおして、マルコはわたしたちにも「あなたの信仰はどうなのか」との問いを投げかけています。

主は言われます、「安心しなさい。わたしだ。恐れることはない」。主は従う者たちをいつも見ていてくださいます。そして困難な状況にあるわたしたちに思いがけない方法で近づいて来て助けてくださるのです。

# 33 神の掟と人間の戒め

マルコによる福音書7章1―13節

ファリサイ派の人々と数人の律法学者たちが、エルサレムから来て、イエスのもとに集まった。そして、イエスの弟子たちの中に汚れた手、つまり洗わない手で食事をする者がいるのを見た。――ファリサイ派の人々をはじめユダヤ人は皆、昔の人の言い伝えを固く守って、念入りに手を洗ってからでないと食事をせず、また、市場から帰ったときには、身を清めてからでないと食事をしない。そのほか、杯、鉢、銅の器や寝台を洗うことなど、昔から受け継いで固く守っていることがたくさんある。――そこで、ファリサイ派の人々と律法学者たちが尋ねた。「なぜ、あなたの弟子たちは昔の人の言い伝えに従って歩まず、汚れた手で食事をするのですか。」イエスは言われた。「イザヤは、あなたたちのような偽善者のことを見事に預言したものだ。彼はこう書いている。／『この民は口先ではわたしを敬うが、／その心はわたしから遠く離れている。／人間の戒めを教えとしておしえ、／むなしくわたしをあがめている。』／あなたたちは神の掟を捨てて、人間の言い伝えを固く守っている。」更に、イエスは言われた。「あなたたちは自分の言い伝えを大事にして、よくも神の掟をないがしろにしたものである。モーセは、『父と母を敬え』と言い、『父または母をののしる者は死刑に処せられるべきである』とも言っている。それなの

に、あなたたちは言っている。『もし、だれかが父または母に対して、「あなたに差し上げるべきものは、何でもコルバン、つまり神への供え物です」と言えば、その人はもはや父または母に対して何もしないで済むのだ』と。こうして、あなたたちは、受け継いだ言い伝えで神の言葉を無にしている。また、これと同じようなことをたくさん行っている。」

主イエスの宣教活動が進められていくにつれて、主と、ファリサイ派の人々や律法学者たちとの対立が強まってきました。本日の出来事は、ユダヤ人の「清め」に関する言い伝えをめぐってのものです。ユダヤ人は、神から直接与えられた戒めや掟以外に、それらから派生した人間の手による数々の戒めを言い伝えとしてもっていました。清めに関する決まりごとは、昔の人の言い伝えに属するものでした。それによると、人は食事をする前には手や食器を念入りに洗い、身を清めなければなりませんでした。それは衛生的観点からの規定ではなくて、宗教的な要素を強くもったものでした。

ところが主の弟子たちは、その言い伝えを守らずに、洗わない手で食卓につく者たちもいました。ファリサイ派の人々はそのことを問題にして、主に「なぜなのか」と詰め寄っています。主の集団は汚れた集団、つまり罪人の集団であると彼らは考えています。しかし主は、彼らは昔からの言い伝えに対して形だけは守っているけれども、彼らの神に対する忠実さや誠実さは、決して御心《みこころ》にかなったものではないことをご存じでした。それで主は彼らに対して、イザヤ書の言葉を引用して、彼らを偽善者として厳しくとがめておられます。イザヤ書からの引用は、「この民は口先だけではわたしを敬うが、その心はわたしから離れている。人間の戒めを教えとしておしえ、空しくわたしをあがめている」（6－7節、イザヤ29・13参照）です。つまり、形骸化した、心の伴わない表面だけの掟の遵守は、神が決して喜ばれるものではない、ということを彼らに教えておられます。主は御心を物差しとして、自分たちの信仰を徹底的に吟味することを彼らに求めておられるのです。それは、今日のわたしたちの信仰のあり方にも通じるものであることを教えられます。

主は彼らにもう一つのことを語られました。それは「コルバン」という言葉をめぐってのものです。これはヘブライ語で、「神への供え物」という意味をもっています。人が自分の金銭や物品を神にささげる物としてより分けておく場合、「これはコルバンです」と言えば、それは神への供え物以外には用いられなくなります。神へのささげものをより分けておく姿勢は基本的には大切なものを含んでいます。しかし、現実にはそれは悪用されることもありました。たとえば、親が差し迫った状況の中でわが子に金銭的な援助を申し出たときに、それに応じたくない場合は、子は自分の持ち物に「コルバン」と言えば、それを親に差し出す必要がなくなるのです。神の戒めの中に「あなたの父と母を敬え」があります。今述べたような子どものあり方は、この戒めを犯していることになります。さらには親への尊敬と服従をとおして、神への信頼と奉仕を求めておられる神の御心にも沿わないことになります。主は言われます、「こうして、あなたたちは、受け継いだ言い伝えで神の言葉を無にしている」。

わたしたちにおいても、「これこそが信仰的だ」とか「これこそが教会的だ」と主張することの中に、神の御心に沿わないものを含んでいることがしばしばあるに違いありません。信仰は、日々、神の御言葉《みことば》による吟味と点検を必要としていることを、深く心に刻みたいものです。

34

# 人を汚すもの

マルコによる福音書7章14―23節

それから、イエスは再び群衆を呼び寄せて言われた。「皆、わたしの言うことを聞いて悟りなさい。外から人の体に入るもので人を汚すことができるものは何もなく、人の中から出て来るものが、人を汚すのである。」（†聞く耳のある者は聞きなさい。）イエスが群衆と別れて家に入られると、弟子たちはこのたとえについて尋ねた。イエスは言われた。「あなたがたも、そんなに物分かりが悪いのか。すべて外から人の体に入るものは、人を汚すことができないことが分からないのか。それは人の心の中に入るのではなく、腹の中に入り、そして外に出される。こうして、すべての食べ物は清められる。」更に、次のように言われた。「人から出て来るものこそ、人を汚す。中から、つまり人間の心から、悪い思いが出て来るからである。みだらな行い、盗み、殺意、姦淫、貪欲、悪意、詐欺、好色、ねたみ、悪口、傲慢、無分別など、これらの悪はみな中から出て来て、人を汚すのである。」

主イエスはファリサイ派の人々との清めをめぐる問題から、さらにユダヤ人の間に巣食っている汚れの問題に話を展開しておられます。その場合の汚れとは衛生上の問題ではなくて、宗教上の問題です。そのことにおける主イエスの主張の中心は、「外から人の体の中に入るものが人を汚すのではなくて、人の中から出てくるものが人を汚す」ということです。それは人が清い者である、すなわち神から受け入れられるとか、逆に汚れている者である、すなわち罪があるとかということは、外面的なことではなくて、内面の問題であるということを意味しています。ユダヤ人は伝統的に、また昔の人からの言い伝えとして、食べてよい動物と食べてはいけないものを区別し、また決まった作法で身を清めたり手を洗ったりしなければ汚れを身につけてしまうという考えをもっていました。しかし主イエスはそうした「規定」を廃棄する意味で、「外から中に入るものが人を汚すのではない」と言っておられるのです。これによって主は旧約時代の限界を乗り越え、また人の言い伝えがもっている制約を打ち破っておられます。

それでは主イエスは人を清い者としたり、汚れた者とするのは一体なんであると言っておられるのでしょうか。そのことについては、「人の中から出てくるもの」が人を清くしたり、逆に汚れた者とするということで言い表しておられます。人の中から出てくるものとは、端的に言えばその人の「言葉」です。そしてその言葉が内包していることがらが、その人の行動を生み出すことを教えておられます。言葉はその人の心の内を映し出し、言葉は行いを生み出します。その心が神の思いを正しく捉えることができず、邪悪な思いに満たされているならば、その人の心から出てくる言葉も邪悪なものとなるし、その言葉に基づく行動も、神の御心《みこころ》に叶わないものとなります。それは人を傷つけ、共同体を破壊します。新約聖書のヤコブへの手紙

（3・9―10）には次の言葉があります。「わたしたちは舌で、父である神を賛美し、また、舌で、神にかたどって造られた人間を呪います。同じ口から賛美と呪いが出てくるのです」。言葉を生み出す心の特質が見事に語られています。

主は人間存在にはこの心の次元があることを明らかにして、食べる物や食べる作法などが神の前での人間の評価を決めることにはならないことを教えておられます。サムエル記上（16・7参照）に次の神の言葉があります。「（わたしは）人間が見るようには見ない。人は目に映ることを見るが、主は心によって（その人を）見る」。これは何と恐るべきことでしょうか。わたしどもがどんなに表面を繕っても、神がご覧になるのは、人の外面ではなく、人の内面、すなわち心であるというのです。誰がこの厳しい神の眼差しに耐えることができるでしょうか。しかし欠けをもち、人を傷つけ、神のみ名を汚すことの多いわたしたちを神は憐れんでくださって、聖霊の炎によって心を清め、言葉を精錬し、そして行いを正してくださいます。心がけるべきことは次の言葉によって言い表されています。「いつも塩で味付けされた快い言葉で語りなさい」（コロサイ4・6）。聖霊なる神の炎によって清められた神讃美の言葉、そして人を生かす愛のこもった言葉を語る者でありたいと願います。

## 35 それほど言うなら――異邦人の女の信仰

マルコによる福音書7章24―30節

イエスはそこを立ち去って、ティルスの地方に行かれた。ある家に入り、だれにも知られたくないと思っておられたが、人々に気づかれてしまった。汚れた霊に取りつかれた幼い娘を持つ女が、すぐにイエスのことを聞きつけ、来てその足もとにひれ伏した。女はギリシア人でシリア・フェニキアの生まれであったが、娘から悪霊を追い出してくださいと頼んだ。イエスは言われた。「まず、子供たちに十分食べさせなければならない。子供たちのパンを取って、小犬にやってはいけない。」ところが、女は答えて言った。「主よ、しかし、食卓の下の小犬も、子供のパン屑はいただきます。」そこで、イエスは言われた。「それほど言うなら、よろしい。家に帰りなさい。悪霊はあなたの娘からもう出てしまった。」女が家に帰ってみると、その子は床の上に寝ており、悪霊は出てしまっていた。

主イエスは今「そこを立ち去って、ティルスの地方に行かれた」（24節）と記されています。「そこ」とは大まかにガリラヤ地方のことですし、「ティルスの地方」とは、イスラエルの北西方向の異邦人の町のことです。主はそこに宣教のために行かれたのではなく、ご自身の来訪が「誰にも知られたくないと思っておられた」と記されていますように、しばしの休息をとるために行かれたと考えられます。しかしその地方にもイエスの評判は広がっていて、すぐに主の滞在が人々の間で知れ渡りました。そして一人の女の人が主のもとにやって来たのです。彼女は悪霊に取りつかれた娘の癒しを主に願い出ています。

しかし主は彼女に謎のような言葉を語られました。「まず、子供たちに十分食べさせなければならない。子供たちのパンを取って、小犬にやってはいけない」。これはどういう意味でしょうか。「子供たち」とはイスラエルの民のことです。「小犬」とは異邦人のことです。そして「パン」とは神の救いの恵みのことです。つまり主イエスは、神の救いはまずイスラエルの民に十分与えられたのちに、続いて異邦人にも与えられる、ということを仰っておられるのです。なんだかとても冷たい言葉のように聞こえますが、主イエスは神のご計画や順序に従った救いの業《わざ》の展開の原則を語っておられるのです。

それに対してこの女性は「主よ、しかし、食卓の下の小犬も、子供のパン屑はいただきます」と答えています。これも謎めいていますが、彼女は臨機応変に主の言葉に倣って自分を小犬と言い表して、主がせっかくこの地においでくださった今、小さな恵みを求めることは許されるのではないでしょうか、と訴えているのです。機知に富んだ答えである以上に、主の言葉の中に絶対的な否定はないことを感じ取った彼女の信仰の熱心が、これを言わせています。主が「まず」と言っておられることは、「次」があることを示唆しています。また主は一般にユダヤ人が異邦人に対して用いる「犬」ではなくて、言葉のきつさをやわらげて「小犬」と言っておられます。それらのことの中に女性は、拒絶ではなくて、むしろ更なる熱心をもって主ご自身に迫ってくることを主は許してくださっていることを感じ取ったに違いありません。だからこそ、女性はあきらめずに求め続けます。主は「それほど言うなら、よろしい」と言われ、娘から悪霊が出たことを告げられました。この「それほど言うなら、よろしい」は、口語訳聖書では「その言葉で十分である」と訳されていました。主はこの女性のへりくだりと、主に対するひたすらな信頼と、娘に対する熱い愛を、彼女の言葉に感じ取ってくださっています。そして娘の癒しによって彼女に応えてくださいました。こうして母と娘の二人が同時に「パン」に与《あずか》ることができました。主は原則で動かれる以上に愛によって動かれるお方なのです。

この出来事は教会の今日の時代におけるあり方を示唆しています。教会は、自分たちは主イエスによる救いなど関係がないと考えている、苦悩の中にある多くの人々を知っています。彼らに代わって、それらの人々にも「パン」を与えてくださいとわたしたちが熱心に祈り仕えるとき、「それほど求めるなら」との主のお言葉を聞き取ることができるに違いありません。

# 36 神の言葉を聞く耳・語る口

マルコによる福音書7章31－37節

それからまた、イエスはティルスの地方を去り、シドンを経てデカポリス地方を通り抜け、ガリラヤ湖へやって来られた。人々は耳が聞こえず舌の回らない人を連れて来て、その上に手を置いてくださるようにと願った。そこで、イエスはこの人だけを群衆の中から連れ出し、指をその両耳に差し入れ、それから唾をつけてその舌に触れられた。そして、天を仰いで深く息をつき、その人に向かって、「エッファタ」と言われた。これは、「開け」という意味である。すると、たちまち耳が開き、舌のもつれが解け、はっきり話すことができるようになった。イエスは人々に、だれにもこのことを話してはいけない、と口止めをされた。しかし、イエスが口止めをされればされるほど、人々はかえってますます言い広めた。そして、すっかり驚いて言った。「この方のなさったことはすべて、すばらしい。耳の聞こえない人を聞こえるようにし、口の利けない人を話せるようにしてくださる。」

異教の地でのしばらくのときを過ごされた後、主イエスはかなりの距離を移動されて、今ガリラヤ湖の東南岸に来ておられます。主の活動範囲の広さに驚かされます。主が来られたことを知ったその地の人々が、「耳が聞こえず、舌の回らない人」を主のもとに連れて来て、癒してくださるように求めました。ここにも、重荷を負った人のために動く人々がいることを教えられます。

「耳が聞こえない」ということは、単に聴力の問題だけではありません。人は言葉を聞いて考え、行動し、自分を形成していきます。聞こえないことは、それらのことにおいて大きな重荷を抱えているということです。さらに「舌が回らない」ことは、他者との間で十分に言葉や心を交わし合うことができない困難があった、ということです。それは彼の痛みや苦しみでした。そうした人々は招詞で読みましたイザヤ書35章4節の「心おののく人々」です。しかしそのような人を見捨てず、その生きることを応援する他者が必ずいます。この人は人々によって主イエスのもとに連れて来られました。そのとき、何かが起こります。

主はこの人との一対一の状況を作り出して、指を彼の両耳に差し入れ、また指に唾をつけてその舌に触れられました。何か原始的な、また呪術的な治療行為に見えますが、それには主の愛が込められていました。「この耳が聞こえないのだね」「この舌が回らないのだね」と確認しながら、主は神に彼の癒しを求めて祈られました。そして深い息をついて「エッファタ」と言われました。これは「開け」という意味のアラム語です。わたしたちは同じアラム語の「タリタ、クム」（マルコ5・41）を思い出します。エッファタのひとことによって、彼の耳は聞こえるようになり、また舌のもつれも解けました。これは体の中の不自由な一部の器官が癒されて機能を回復したというだけではなく、新しい人の誕生の出来事として捉えるべきでしょう。新たな人が、今生まれたのです。彼は肉体的な耳と口の障がいが取り除かれただけではありません。神の言葉を聞き、また語るという霊的な耳と口が新たにされ強められて、神を讃美する者とされました。

主イエスの祈りに応えて父なる神が働いてくださるとき、イザヤが述べている「そのとき、見えない人の目が開き、聞こえない人の耳が開く」という預言が成就するのです。三重苦のヘレン・ケラー女史は、指と指との接触で他者との間に会話ができるようになったとき、イザヤ書のこの言葉が自分において成就したと確信したと記しています（『わたしの生涯』）。

この癒しの出来事がわたしたちの時代に対してもっている意味を考えてみましょう。今の時代にも、神の言葉を聞くことができず、また神の言葉を語り合うことができない人々が多くいます。その現実を主はご存じです。しかし、主がご存じだからわたしたちは何もしないでよいということではありません。わたしたちは、霊的飢饉の中にある自分自身の状況とわたしたちを取り巻く状況を深く自覚しつつ、祈らなければなりません。「神よ、この時代の人々の上に手を置いてください」、「わたしたちに『エッファタ』と命じてください」と祈り続けなければなりません。そのとき、天からの力がわたしたちの時代の上に注がれて、何かがきっと起こることでしょう。

## 37

# 空腹のまま帰らせたくない

マルコによる福音書8章1−10節

そのころ、また群衆が大勢いて、何も食べる物がなかったので、イエスは弟子たちを呼び寄せて言われた。「群衆がかわいそうだ。もう三日もわたしと一緒にいるのに、食べ物がない。空腹のまま家に帰らせると、途中で疲れきってしまうだろう。中には遠くから来ている者もいる。」弟子たちは答えた。「こんな人里離れた所で、いったいどこからパンを手に入れて、これだけの人に十分食べさせることができるでしょうか。」イエスが「パンは幾つあるか」とお尋ねになると、弟子たちは、「七つあります」と言った。そこで、イエスは地面に座るように群衆に命じ、七つのパンを取り、感謝の祈りを唱えてこれを裂き、人々に配るようにと弟子たちにお渡しになった。弟子たちは群衆に配った。また、小さい魚が少しあったので、賛美の祈りを唱えて、それも配るようにと言われた。人々は食べて満腹したが、残ったパンの屑を集めると、七籠になった。およそ四千人の人がいた。イエスは彼らを解散させられた。それからすぐに、弟子たちと共に舟に乗って、ダルマヌタの地方に行かれた。

一般に「パンの奇跡」とよばれている出来事は、6章35節以下に記されていました。それとよく似た出来事が8章1節以下にも記されています。二つはどのような関係にあるのでしょうか。ある人は、これは一つの出来事が人々の間で言い伝えられていく間に、少しずつ変化してきて二つの物語になったと考えます。他の人は、この二つはいくつかの点で相違している、その相違が重要であることを考えると、これはもともと異なる二つの出来事であったと考えます。わたしたちは後者の考えに立って、御言葉《みことば》に聞きたいと思います。

今回の出来事は、異邦人の地デカポリス地方のガリラヤ湖南東岸近くでなされました。そこには異邦人が多くいたはずです。その点において1回めの出来事とは異なります。集まって来た人々は、3日間も主イエスから神の国に関しての話を聞き続けてきました。霊的な糧を人々は十分に受けました。その群衆に対して主は今度は、肉体のパンの心配をしておられます。彼らに食べ物がない状態を主は「かわいそうだ」と感じておられます。それは5千人のパンの奇跡の時の群衆を「深く憐れまれた」ことと同じ用語です。マタイによる福音書の並行記事においては、主が語られた「空腹のまま帰らせたくない」との言葉が記されています。主は今、人々の肉体のパンに関しても心を寄せておられ、彼らの飢えをどうにかして満たしたいとの強い意思をもっておられます。

そして今回は自ら、弟子たちにパンの手配をするように求めておられます。弟子たちは前のときと同じように、どのようにして人々のパンを手に入れたらよいのか戸惑い、不満に思っています。しかし主に命じられてパンを集めると、七つありましたし、魚も少しだけありました。主は感謝の祈りをささげて、それらを4千人の人々に分けられると、人々は満腹するまで食べることができました。残ったパンの屑は7籠になりました。群衆の数も、残ったパンの数も、1回めのときとは異なります。ここで「7」という数字に注目してみましょう。前回の12という数は、イスラエルの十二部族すべてに福音が伝えられることを約束するものでしたが、7は何を象徴しているのでしょうか。7は完全数と言われます。この奇跡が異邦人の地でなされたこととも関係していて、その数字は福音がイスラエルを超えて全世界に広まることの約束が示されている、と理解することができます。弟子たちは今回も残されたパン屑の籠の数から、大切なことを教えられているのです。

わたしたちは、この出来事から教会の使命を改めて考えさせられます。現代の厳しい状況において、霊的パンに飢えている人が多くおり、また肉的パンにおいても飢え渇いている人々が多くいます。そういう中で教会はどのようにして託された務めと責任を果たしていくかが問われています。弟子たちが「こんな人里離れた所で一体どうすればよいのか」とつぶやいたように、わたしたちもこんな厳しい時代状況の中で一体何ができるのかとつぶやきがちです。しかし主が「彼らを空腹のまま帰らせたくない」と言われたことに真摯に応えなければなりません。それは何よりもまず神の恵みの御言葉を広く伝えることにもっと力を注ぐべきだということではないでしょうか。多くの人々を霊的飢えの状態のまま放っておき、人生の途中で倒れさせることは、教会には決して許されないことなのです。

# 38

# まだ悟らないのか

マルコによる福音書8章11－21節

ファリサイ派の人々が来て、イエスを試そうとして、天からのしるしを求め、議論をしかけた。イエスは、心の中で深く嘆いて言われた。「どうして、今の時代の者たちはしるしを欲しがるのだろう。はっきり言っておく。今の時代の者たちには、決してしるしは与えられない。」そして、彼らをそのままにして、また舟に乗って向こう岸へ行かれた。

弟子たちはパンを持って来るのを忘れ、舟の中には一つのパンしか持ち合わせていなかった。そのとき、イエスは、「ファリサイ派の人々のパン種とヘロデのパン種によく気をつけなさい」と戒められた。弟子たちは、これは自分たちがパンを持っていないからなのだ、と論じ合っていた。イエスはそれに気づいて言われた。「なぜ、パンを持っていないことで議論するのか。まだ、分からないのか。悟らないのか。心がかたくなになっているのか。目があっても見えないのか。耳があっても聞こえないのか。覚えていないのか。わたしが五千人に五つのパンを裂いたとき、集めたパンの屑でいっぱいになった籠は、幾つあったか。」弟子たちは、「十二です」と言った。「七つのパンを四千人に裂いたときには、集めたパンの屑でいっぱいになった籠は、幾つあった

か。」「七つです」と言うと、イエスは、「まだ悟らないのか」と言われた。

主は、4千人の人々にパンを分け与えられた後、ダルマヌタの地方に行かれました（8・10参照）。そこにファリサイ派の人々がやって来て、主を試そうとして、天からのしるしを求めました。彼らは、「主イエスが神から遣わされたメシアであるならば、それを証拠立てる、目を見張る業《わざ》を示して欲しい。そうすればわたしたちはあなたを信じます」と言っているのです。それに対して主は、「今の時代には、決してしるしは与えられない」と答えられました。それは、ファリサイ派の人々が求めているような劇的なしるしは決して起こらない、主イエスご自身がそこに存在し、神からの業をなさっていることそれ自体が、最大のしるしなのだ、と言っておられるのと同じです。

わたしたちもときには、著しい奇跡的なことが教会によってなされるならば、多くの人が教会に目を向けるようになるのではないかと考えたりします。しかしわたしたちにとっても神からのしるしは、主イエス・キリスト以外にはないのです。使徒パウロは次のように述べています。「ユダヤ人はしるしを求め、ギリシア人は知恵を探しますが、わたしたちは、十字架につけられたキリストを宣べ伝えています」（コリントー1・22—23）。教会は時代がどんなに変わろうとも、十字架の主イエスを宣べ伝えることに全力を注ぐのです。

主イエスの一行はその地を去って、舟に乗って向こう岸に渡ろうとしています。その舟の中で、弟子たちは自分たちの手元にパンが一つしかないことで論じ合っていました。それを聞かれた主は話題を食べるパンから、ファリサイ派の人々のパン種とヘロデのパン種に移されました。この場合のパン種とは、誤った教えのことです。ファリサイ派の教えは自分たちの考えを絶対的規準としたものであり、ヘロデの教えは権力と欲望を中心とするものと言ってよいでしょう。それは主イエスの教えに真っ向から敵対するものです。主はそれらの教えに多くの人々が影響を受け、誤った思想に染まることがないように気をつけなさいと、弟子たちに教えておられるのです。しかし弟子たちは、主のその忠告が何を意味しているかわからないままでした。

そこで主は先のパンの二つの奇跡をもち出されます。しかもそれぞれの場合に、そこにいた人々の数ではなくて、残ったパン屑を入れた籠の数を思い起こさせておられます。これはどういうことでしょうか。5千人の場合、残ったパン屑の籠の数は12でした。それはまずイスラエルの全12部族に福音を運べという意味でした。さらに4千人の場合は、残ったパン屑の籠は7でした。7が完全数ということから、全世界にあまねく福音を伝えよとのメッセージがそこにあることを教えられました。誤った教えが世界に蔓延する前に、あなたがたは真の命のパンであるイエス・キリストの福音を世界に運べと教えておられるのです。このことは小さな舟の中でなされました。舟は教会を象徴しています。教会には命のパンであるイエス・キリストがおられます。そのパンを全世界に運ぶ、それが教会の主からの委託です。悪しきパン種で世界が膨れ上がる前に、教会は「これを食べる者は決して飢えることがない」と言われる真のパンであるイエス・キリストを全世界に運ばなければなりません。

39

# 真理に開かれる目

マルコによる福音書8章22－26節

一行はベトサイダに着いた。人々が一人の盲人をイエスのところに連れて来て、触れていただきたいと願った。イエスは盲人の手を取って、村の外に連れ出し、その目に唾をつけ、両手をその人の上に置いて、「何か見えるか」とお尋ねになった。すると、盲人は見えるようになって、言った。「人が見えます。木のようですが、歩いているのが分かります。」そこで、イエスがもう一度両手をその目に当てられると、よく見えてきていやされ、何でもはっきり見えるようになった。イエスは、「この村に入ってはいけない」と言って、その人を家に帰された。

本日のテキストである8章22－26節は、マルコによる福音書における重要な位置を占めています。それを意識しながら御言葉《みことば》に耳を傾けましょう。

これは盲人の癒しの物語です。舞台はガリラヤ湖北岸のベトサイダです。主イエスの一行がそこに行かれたとき、人々が一人の盲人を主のもとに連れて来ました。もちろん、見えない目を癒していただくためです。主はその盲人を人々から切り離して村の外に連れて行かれました。癒しの行為は見世物ではなく、また主の力を誇る場でもありません。一対一の関係の中で、癒される人が主と出会う場なのです。主はそういう状況を作り出しておられます。

この癒しの出来事がもっている特徴は、目が見えるようになる癒しが二段階で行われているということです。最初は主によって目に唾がつけられ、手が置かれると、少し見えるようになりました。盲人は「人が見えます。木のようですが、歩いているのが分かります」と言っています。おぼろげに人の姿が見えるようになりました。しかしそれではまだ完全に癒しがなされたことにはなりません。主がもう一度手を置かれると、今度は「何でもはっきり見えるように」なりました。癒しが完了したことになります。その人が見えるようになった目で最初にはっきり見たのは、主イエス・キリストでした。

ところでマルコ福音書は全体で16章から成っています。今日のテキストの箇所は分量的にちょうど全体の中間に位置しており、これ以後、福音書は後半部分に入ります。内容的には、前半は主がなさったことが中心に記されてきました。それは神の子イエスがどのような意味で神から遣わされた方であるかを明らかにするものでした。これからの後半部分は、8章29節におけるペトロの「あなたは、メシアです」という告白に続いて、主イエスの受難予告が3回くり返されながら一気に主の死に向かっていくという内容で、それによって主がいかなる意味でメシアであられるかが明らかにされていきます。そういった意味で、今日の盲人の目の癒しが二段階でなされた癒しは象徴的です。それは弟子たちの信仰の成長の過程を示唆してるように思われます。

先の箇所で、弟子たちが主によって「まだ分からないのか。悟らないのか」(16節参照)とがめられたことを聞きました。彼らはまだおぼろげにしか、主イエスがどなたであるかがわかっていませんでした。しかし、このあとペトロの信仰告白によっても明らかなように、主がメシアであられることが少しずつ認識されるようになっています。まだ十分ではありませんが、彼らの信仰は少しばかり主イエスに近づいています。そのように多くの場合、信仰は一気にすべてが理解されるかたちで与えられるものではなくて、少しずつあるいは段階的に成長しながら、主が求められるものに近づいていくという道筋をたどります。盲人の癒しの物語はそのことを示唆しています。

わたしたちの信仰も同じです。わたしたちも主によって「まだ分からないのか」と言われる状態を続けながら、いろんなことをきっかけに次の段階に進むことができる者とされます。その間、主は忍耐をもってわたしたちを捕らえ続け、導いてくださいます。盲人の目に主の手が置かれたように、わたしたちの心の目に聖霊が働きかけてくださって、わたしたちの信仰は少しずつ高みへと導かれていくのです。わたしたちの中に生じた信仰を、主は「キリスト・イエスの日までに」(フィリピ1・6)完成してくださいます。

# 40 あなたは、メシア

マルコによる福音書8章27―30節

イエスは、弟子たちとフィリポ・カイサリア地方の方々の村にお出かけになった。その途中、弟子たちに、「人々は、わたしのことを何者だと言っているか」と言われた。弟子たちは言った。「『洗礼者ヨハネだ』と言っています。ほかに、『エリヤだ』と言う人も、『預言者の一人だ』と言う人もいます。」そこでイエスがお尋ねになった。「それでは、あなたがたはわたしを何者だと言うのか。」ペトロが答えた。「あなたは、メシアです。」するとイエスは、御自分のことをだれにも話さないようにと弟子たちを戒められた。

わたしたちは人生において多くの出会いを経験します。どのような出会いが与えられるかによって、生涯が決定されると言ってもよいほどです。信仰においては、神が遣わされたひとり子イエスに、どのようなお方として出会うかが決定的に大事なことです。弟子たちはどうだったでしょうか。

主イエスは弟子たちと共にフィリポ・カイサリア地方に行かれ、そこで改めて彼らと向き合われます。そして二つの問いを投げかけられます。一つは、「人々は、わたしのことを何者だと言っているか」です。主の周りに集まって来ている群衆が、主をどのように見ているかを問うておられます。それは、人々の評判を気にしておられるのではなく、彼らの主に対する認識が正しいかどうかを知ろうとしておられるのです。さらにその問いは、弟子たちに対する第二の問いの準備としての意味ももっているものです。弟子たちは、人々の主に対する評判を「洗礼者ヨハネ」「エリヤ」「預言者の一人」というようにありのままに報告しています。人々は、主イエスを偉大なお方として捉えていますし、旧約聖書との関係を踏まえて理解していることがわかります。

しかし主は弟子たちのその返答に何も応答されずに、続いて第二の問いを投げかけられます。それは、「それでは、あなたがたはわたしを何者だと言うのか」という問いです。今度は弟子たち自身の主に対する受け止め方を問うておられるのです。これまで行動を共にし、主による教育と訓練を受けて来た弟子たちが、主に対する正しい認識をもつにいたっているかを確認しておられるのです。彼らは今、霊的な視力が問われています。

弟子たちを代表してペトロが次のように答えました。「あなたは、メシアです」。主イエスこそ、神から遣わされた救い主（メシア、キリスト）と告白しています。これは言葉の上では正しい答えであるに違いありません。人々の理解とは奥行が違います。これは聖霊によって導かれた告白と言ってもよいでしょう。次のように記されているとおりです。「聖霊によらなければ、だれも『イエスは主である』とは言えないのです」（コリント一12・3）。

しかし、それに対して主は「そのとおりだ」とか、「それで十分だ」とは言っておられません。不思議なことに「自分のことをだれにも話さないように」との沈黙命令を出しておられるのです。これはどういうことでしょうか。おそらく、弟子たちの告白は言葉の上では正しいけれども、「メシア」の真の内容についての理解がまだ不十分であることを主はご存じであられたのでしょう。世間には政治的メシアとか魔術的メシアといった理解がある中で、主がメシアであられるということはそうしたレベルのことではないことを、弟子たちは知らなければなりません。この後（8・31など）続いて語られる十字架と復活におけるメシアとして主イエスに出会うことが、弟子たちに必要なのです。

わたしたちも主によって、「あなたはわたしを何者だというのか」と常に問われています。主が求めておられる告白をなし続けるために、わたしたちは聖書の言葉と聖霊によって、くり返し主イエスに出会うことが求められています。「主よ、わたしに正しい告白を与え続けてください」。

41

# 主イエスの受難と復活の予告

マルコによる福音書8章31―33節

それからイエスは、人の子は必ず多くの苦しみを受け、長老、祭司長、律法学者たちから排斥されて殺され、三日の後に復活することになっている、と弟子たちに教え始められた。しかも、そのことをはっきりとお話しになった。すると、ペトロはイエスをわきへお連れして、いさめ始めた。イエスは振り返って、弟子たちを見ながら、ペトロを叱って言われた。「サタン、引き下がれ。あなたは神のことを思わず、人間のことを思っている。」

キリスト教は言葉の宗教と言われることがあります。この信仰に生きる者は自分たちの信仰内容を、明確な言葉で告白したり、証言したりすることが求められています。弟子たちは主からの「わたしを何者だと信じているか」との問いに対して、ペトロが代表して明瞭な言葉で「あなたは、メシアです」と答えました。それはまさしく主イエス・キリストがどなたであられるかをふさわしく言い表したものです。主はそれに対して、そのことを誰にも話さないよう

に命じられました。それだけでなく、ご自身が「メシア」であるとはどういうことなのかを弟子たちに明らかにされます。それが31節に記されている主の十字架の苦しみと死、そして死からの復活の予告です。これも明らかな言葉で述べられています。

ここで注目したいことは、「人の子は必ず……することになっている」との言葉遣いです。これは神のご計画の中で必ず起こるべきことを言い表したもので、「神的必然」と言われることもあります。御子《みこ》イエスは、神がお定めになった十字架の死をご自身の身に受けるべきだとの覚悟を言い表しておられるのです。

それが意味していることがわからない弟子のペトロは、主をわきへお連れして主をいさめています。「そういうことを口にされてはなりません」と強い口調で述べたのでしょう。ペトロは直情径行の気質ゆえにすぐにそのように反応したとも評されます。しかしそれだけではなく、これはペトロの主に対する素朴な愛の表れとも見ることができます。自分の主であり師である方を死なせてはならないと、彼なりに主を守ろうとしているのです。人間味あふれるペトロの姿を見ることができるように思います。

しかし主はそれに対して、極めて厳しい言葉で対応されます。主の言葉は「サタン、引き下がれ。あなたは神のことを思わず、人間のことを思っている」というものでした。今度は主がペトロをいさめておられます。ペトロに向かって「サタン」と呼びかけておられますが、これはペトロがサタンに変質してしまったということではありません。ペトロは今、神に敵対するサタンの誘惑を受けているそのことをご存じの主は、彼の中に侵入しているそのサタンを追い出そうとしておられるのです。ペトロの情熱や愛は良い、しかしそれが神の思いに従ったものではなく、神とは反対方向に導こうとするサタンに引きずられたものであるゆえに、それは退けなければならない、それが主の思いでした。主ご自身、十字架を避けさせようとしているサタンの攻撃を受けておられるからこそ、ペトロのこともよくおわかりなのです。

こうして主はペトロを叱ることによって、彼の内からサタンを追い払われました。それはペトロ自身を追い払っておられるのではありません。むしろ主は彼を正常な位置へと引き戻そうとしておられるのです。つまりペトロが主の前に立って主を導こうとするのではなく、主のあとに従う者としての位置に戻るようにと命じておられるのです。「あなたはメシア」と告白した主イエスのあとから従っていくことこそ、彼のなすべきことでした。彼は今新たに「メシアであるわたしに従いなさい」との主の招きを受けています。わたしたちに対しても主は、いつもそうなさっておられるに違いありません。

42

# 自分の十字架を負う

## マルコによる福音書8章34－9章1節（その一）

それから、群衆を弟子たちと共に呼び寄せて言われた。「わたしの後に従いたい者は、自分を捨て、自分の十字架を背負って、わたしに従いなさい。自分の命を救いたいと思う者は、それを失うが、わたしのため、また福音のために命を失う者は、それを救うのである。人は、たとえ全世界を手に入れても、自分の命を失ったら、何の得があろうか。自分の命を買い戻すのに、どんな代価を支払えようか。神に背いたこの罪深い時代に、わたしとわたしの言葉を恥じる者は、人の子もまた、父の栄光に輝いて聖なる天使たちと共に来るときに、その者を恥じる。」また、イエスは言われた。「はっきり言っておく。ここに一緒にいる人々の中には、神の国が力にあふれて現れるのを見るまでは、決して死なない者がいる。」

主イエスは、ご自身の受難と復活を予告された後、ご自身に従う者たちの覚悟をお教えになりました。それが、「わたしの後に従いたい者は、自分を捨て、自分の十字架を背負って、わたしに従いなさい」です。この語調から明らかにされることは、主が招いておられる新しい生

き方は、強制されるものではなく、それぞれが神の前で、自分の自発的な決断によって選び取るべきものである、ということです。ここで主が人々に命じておられることは、「自分を捨てなさい」「自分の十字架を背負いなさい」、そして「わたしに従いなさい」です。まとめますと、主に従うことが最終的な目的で、そのために二つのこと、すなわち「自分を捨てよ」と、「自分の十字架を背負え」が具体的に求められていることになります。この二つについてまず考えてみましょう。

「自分を捨てよ」と命じられています。別の表現をするならば、「自分自身を否みなさい」となります。これはどういうことでしょうか。それは自己放棄とか自己否定という言葉に言い換えられることもあります。これはもちろん自分の命を絶つということではありません。自己を捨てるとは、多くの人がもっている自己拡張の欲望を捨てて、自分を超えた存在のために自分を用いよ、ということです。したがって、自己否定を行う前に、肯定すべき何か大きなものとの出会いや神的存在の発見があるということが前提となっています。その肯定すべきもの、そしてわたしたちに自分を捨てて従って来るようにと迫って来られるお方こそ、たった今ご自身の苦難と死を予告された主イエス・キリストです。その方の背後に自分を置き、その方に自分を賭け、その方のお心に従ってすべてを選び取っていく生き方、それが「自分を捨てる」ということです。それゆえ、自分を捨てることは決して消極的な生き方ではなくて、極めて積極的・意志的な生き方であることがわかります。

次に主が求めておられることは、「自分の十字架を背負え」です。主イエスにとって十字架を背負うことは、罪人の罪を担って実際に十字架の上で死ぬことでした。その主が、従う者たちに「自分の十字架を背負え」と命じられるとき、それは従う者たちも十字架の上で死ねということなのでしょうか。究極的にはそのようなことまでもが含まれていることは、否定できません。しかしむしろ、ここでは死ぬことよりも生きることが命じられています。つまり、自分を捨てて主に従って生きようとするときに、自分自身の身に降りかかってくるさまざまな苦しみや困難や戦いから逃げようとせずにそれを受け止め、それらを耐え忍びながら主への服従を貫くことです。そのようにして、救い主を証しし、人々の救いのために仕えること、それが自分の十字架を背負うことです。

それはいつも何か特別なこととして起こるわけではありません。またすべての信仰者に等しいかたちと程度で起こるのでもありません。その人が置かれている状況の中で、日常的に、神の秤に従ってそれぞれに分け与えられるのです。各自が背負う十字架の比較や評価は必要ではありません。それぞれにその人にふさわしい十字架を担わされる神は、同時にそれを担う力をも与えることによって一人ひとりを支えてくださり、ご自身の器として用いられます。また主はその人の信仰が無くならないようにと祈りつつ、常にそばにいてくださるのです。

43

# 命を救うことと失うこと

マルコによる福音書8章34—9章1節（その二）

先に8章34節を中心に御言葉《みことば》を聞きましたが、35節以下の御言葉にも耳を傾けてみましょう。主は、ここで命には二つのものがあると言っておられます。用語はどちらも同じですので、見分けがつきにくいかもしれませんが、前後の関係から区別ができます。その一つは、地上に属する命、生物学的な命です。わたしたちが普通に命と言っているものです。もう一つは、神の国に属する命、永遠の命です。主は今、この二つの命について語っておられます。

35節に「自分の命を救いたいと思う者は、それを失う」とあります。自分の力だけで自分の命を守ろうとする者、自分の益のためにのみ生きようとする者は、結局、「それを失う」、つまり神の国に属する命を手にし損ねるということです。その人の地上の命の終わりが、すべての終わりということになります。

一方地上の命を失っても天に属する命を得ることができるのは、「主のため、また福音のために命を失う者」です。その人たちは地上の命を失っても、命を救うことができる、すなわち、天における新しい命を約束される者となるということです。それは具体的にはいかなる生き方をさしているのでしょうか。先に「自分の十字架を背負って主に従え」と主は命じられました。この生き方こそが、主が言われる「主のために自分の命を失う」生き方であり、それがすべての人が手にすべき本来の命を手にすることができる唯一の道であるということです。これは、人が勝手に考え出した命についての教えではなくて、主なる神が約束してくださっていることです。わたしたちはそれを信じます。

現実はどうでしょうか。36―37節の主の言葉を聞くときに、わたしたちの多くは自分の命を失う生き方をしているのだということを思わせられます。「全世界を手に入れる」とは、自分の力だけで自分の命を守り、地上のあらゆる良きもの、それは物であったり、金銭であったり、人からの賞賛であったりしますが、それらで身を固めれば安心だという生き方のことです。それはだれか特定の少数者のことではなく、わたしたちの多くが何らかのかたちでそのような生き方を志向していると言わざるをえないものです。そして死ぬときにこの生き方は間違っていたことに気がつき、すべてを差し出して天における命を手に入れようとしても、その代価は高すぎて、手にすることはできないと主は語っておられます。天における命は、神から与えられるものですから、地上の富などで買い取ることはできないのです。詩編には次のように記されています。

49編9節「魂を贖《あがな》う値は高く、とこしえに、払い終えることはできない」。

ここでの「魂」は、天における命と考えてよいものです。天地が滅んでもなお続く命、たとえ死んでも新たに生きる命、これは非科学的ですが、しかし、主イエス・キリストの死からのよみがえりによって、その存在が明らかにされました。自分を捨て、自分の十字架を背負って死に至られた主は、地上の命は失われましたが、神によって天における命を与えられました。その主がわたしたちに今、真の命に至る道をさし示してくださっているのです。わたしたちもこの道を歩むようにと主は招いておられます。何を失っても、キリストの中にのみ新しい命を見ることができる信仰が、いよいよ確かなものとなるように祈りつつ、この道を歩みを続けていきましょう。

44

# 山上での主イエスの輝き

マルコによる福音書9章2―13節

六日の後、イエスは、ただペトロ、ヤコブ、ヨハネだけを連れて、高い山に登られた。イエスの姿が彼らの目の前で変わり、服は真っ白に輝き、この世のどんなさらし職人の腕も及ばぬほど白くなった。エリヤがモーセと共に現れて、イエスと語り合っていた。ペトロが口をはさんでイエスに言った。「先生、わたしたちがここにいるのは、すばらしいことです。仮小屋を三つ建てましょう。一つはあなたのため、一つはモーセのため、もう一つはエリヤのためです。」ペトロは、どう言えばよいのか、分からなかった。弟子たちは非常に恐れていたのである。すると、雲が現れて彼らを覆い、雲の中から声がした。「これはわたしの愛する子。これに聞け。」弟子たちは急いで辺りを見回したが、もはやだれも見えず、ただイエスだけが彼らと一緒におられた。

一同が山を下りるとき、イエスは、「人の子が死者の中から復活するまでは、今見たことをだれにも話してはいけない」と弟子たちに命じられた。彼らはこの言葉を心に留めて、死者の中から復活するとはどういうことかと論じ合った。そして、イエスに、「なぜ、律法学者は、まずエリヤが来るはずだと言っているのでしょうか」と尋ねた。イエスは言われた。「確かに、まずエリヤが来て、すべてを元どおりにする。それなら、人の子は苦しみを重ね、辱めを受けると聖書に書いてあるのはなぜか。しかし、言っておく。エリヤは来たが、彼について聖書に書いてあるように、人々は好きなようにあしらったのである。」

主イエスが弟子たちにご自身の受難と復活の予告をなさり、さらに自分の十字架を背負ってわたしに従ってきなさいと命じられたときから6日が経過しました。主は今、三人の弟子たちを伴われて山に登っておられます。そこで主イエスのお姿が変わり、また旧約時代のモーセとエリヤが現れるという現象が起こりました。これはいったい何を意味しているのでしょうか。モーセは、旧約聖書の重要な要素の一つである「律法」を代表する者として登場しています。また、エリヤは同じように重要な「預言者」の代表です。またこの二人は、その死に関して不思議なことが伴っていたために、彼らは再びこの世に来るということがイスラエルにおいて信じられていました。そのような二人が主イエス・キリストの前に現れ、親しく語り合っている様子が展開されています。それによって、旧約聖書がめざしていたことは、主イエスにおいて目に見えるかたちとなって表されたということが明らかにされています。旧約全体がさし示していたことは、新約のイエス・キリストにおいて成就したということです。ここに旧約と新約の連続性と関係性が明らかにされています。

目の前で起こっていることの意味を理解することのできなかったペトロは、この現象がいつまでも続けばよいと考えました。そのとき、天からの声が響きました。それは「これはわたしの愛する子、これに聞け」というものでした。先に主イエスが洗礼を受けられたときには、

「あなたはわたしの愛する子、わたしの心に適う者」（1・11）との声が天から聞こえました。それは御子《みこ》イエスに対して語られたものでしたが、今回は弟子たちに向けて語られています。「これに聞け」と命じられています。それは、どのような状況にあってもあなたがたは、御心《みこころ》に適う神の子イエス・キリストに聞き従えということです。これから主イエスの身に大きな出来事が起こる、また弟子たちの上にも思いがけないことが必ず起こる、しかしいかなるときにもこの主イエス・キリストに聞き従いなさいと神は命じておられます。

なぜこのとき、このような現象が弟子たちに示されたのでしょうか。それは、弟子たちが主と崇めるイエス・キリストは、苦しみにあい、十字架の上で死ぬことになっているが、それで終わらずに、復活の命に移されることも約束されていることを明らかにするためです。弟子たちの頭には、今は、つい先日聞かされた主の苦しみと死のことしかないかもしれません。しかし、主ははっきりとご自身の復活のこともお語りになっておられました。そのことに心を向けられないでいる弟子たちに、神は山の上での輝きに満ちたイエスのお姿、それは死に勝利されたお姿ですが、それを弟子たちに表すことによって、主の最後の様子を明らかに示しておられるのです。それによって、この主に従う者たちにも、同じように輝きに満ちた終わりの時が用意されていることを約束してくださっています。彼らも終わりの時に変容するのです。その約束を目に見えるかたちで示されることによって、弟子たちが徹底して主に従う生き方を貫く者となるようにと、励ましておられます。主に従う者たちに、希望に満ちた輝きが終わりの時に神によって備えられていることはなんと感謝すべきことでしょうか。

45

# 祈りによらなければ

マルコによる福音書9章14―29節

一同がほかの弟子たちのところに来てみると、彼らは大勢の群衆に取り囲まれて、律法学者たちと議論していた。群衆は皆、イエスを見つけて非常に驚き、駆け寄って来て挨拶した。イエスが、「何を議論しているのか」とお尋ねになると、群衆の中のある者が答えた。「先生、息子をおそばに連れて参りました。この子は霊に取りつかれて、ものが言えません。霊がこの子に取りつくと、所かまわず地面に引き倒すのです。すると、この子は口から泡を出し、歯ぎしりして体をこわばらせてしまいます。この霊を追い出してくださるようにお弟子たちに申しましたが、できませんでした。」イエスはお答えになった。「なんと信仰のない時代なのか。いつまでわたしはあなたがたと共にいられようか。いつまで、あなたがたに我慢しなければならないのか。その子をわたしのところに連れて来なさい。」人々は息子をイエスのところに連れて来た。霊は、イエスを見ると、すぐにその子を引きつけさせた。その子は地面に倒れ、転び回って泡を吹いた。イエスは父親に、「このようになったのは、いつごろからか」とお尋ねになった。父親は言った。「幼い時からです。霊は息子を殺そうとして、もう何度も火の中や水の中に投げ込みました。おできになるなら、わたしどもを憐れんでお助けください。」イエスは言われた。「『できれば』と言う

か。信じる者には何でもできる。」その子の父親はすぐに叫んだ。「信じます。信仰のないわたしをお助けください。」イエスは、群衆が走り寄って来るのを見ると、汚れた霊をお叱りになった。「ものも言わせず、耳も聞こえさせない霊、わたしの命令だ。この子から出て行け。二度とこの子の中に入るな。」すると、霊は叫び声をあげ、ひどく引きつけさせて出て行った。その子は死んだようになったので、多くの者が、「死んでしまった」と言った。しかし、イエスが手を取って起こされると、立ち上がった。イエスが家の中に入られると、弟子たちはひそかに、「なぜ、わたしたちはあの霊を追い出せなかったのでしょうか」と尋ねた。イエスは、「この種のものは、祈りによらなければ決して追い出すことはできないのだ」と言われた。

主イエスが三人の弟子たちと共に山から下りて他の弟子たちのところに来られたときのことです。弟子たちを大勢の人々が取り囲んで議論していました。それは、父親が汚れた霊にとりつかれたわが子の癒しを求めて弟子たちのところに連れて来たけれども、彼らは癒すことができなかったということをめぐっての議論でした。それをお知りになった主は、「なんと信仰のない時代なのか」と言って嘆かれました。主はどのような意味で「信仰のない時代」と言われたのでしょうか。また弟子たちはどうして癒すことができなかったのでしょうか。

主は父親にその子をここに連れて来るように命じられました。激しい症状を表すその子をご覧になって主は心を痛められたに違いありません。主に対して父親はすぐに癒しを求めました。そのときの言葉は、「おできになるなら、わたしどもを憐れんでお助けください」というものでした。父親はなぜ「おできになるなら」という言葉遣いをしているのでしょうか。それは一見遠慮がちで控えめな姿を表しているようにも聞こえますし、弟子たちの様子から主に対してても疑いをもっているようにも受けとることができます。それに対して主は厳しい言葉を返されます。「『できれば』と言うのか。信じる者には何でもできる」。主のお言葉から知ることができるのは、父親の姿は謙虚さを表すものではなく、主への絶対の信頼を欠いたものであるということです。「わたしに対してはそのような言葉は不要である」とでも主は言っておられるかのようです。

ここでわたしたちは自分たちのことを考えさせられます。わたしたちも神に対して「もしできますならば」の信仰、いや不信仰を抱えている者です。神の可能性への限界を勝手に設けているのです。そのために、わたしたちの愛する人々の救いに関しても、「もしできれば」という程度の思いに留まっているのではないでしょうか。「神におできにならないことは何もない」との熱い思いで神と向き合うことが信仰においては不可欠であることを思わせられます。それが共に生きる人たちの救いにもつながるのです。

主は汚れた霊にとりつかれた子どもを癒すために、「汚れた霊よ、わたしの命令だ。この子から出て行け」と命じられました。すると直ちに霊はその子から出て行き、この子は癒されました。これを見た弟子たちは、「どうしてわたしたちにはできなかったのでしょうか」と尋ねています。それに対する主の答えはこうでした。「この種のものは、祈りによらなければ決して追い出すことはできない」。主は、信仰のたりなさは祈りのたりなさである、信仰の弱さは祈りの弱さであるということを教えておられます。弟子たちは自分たちの悪霊追放の方法や手順が間違っていたのかもしれないとの思いで主にお尋ねしたのですが、主は彼らの方法の拙さではなく、信仰の基本的なところにおける弱さを指摘しておられます。信仰は神への全面的な自己委託であり、祈りはその行為です。「信仰のない時代」とは、神に対する真摯な祈りの欠如の時代として見ることができます。

わたしたちも、父親が「信じます。信仰のないわたしをお助けください」と叫んだように、信じる心と信じえない心を抱えもった者たちです。内に信仰と不信仰が共存しているわたしたちです。その中で信仰を自分の生の中心の座に据えるためには、祈り以外にないことを教えられます。このことにもっと真剣でなければなりません。

# 46

# 主イエスを受け入れること

マルコによる福音書9章30—37節

一行はそこを去って、ガリラヤを通って行った。しかし、イエスは人に気づかれるのを好まれなかった。それは弟子たちに、「人の子は、人々の手に引き渡され、殺される。殺されて三日の後に復活する」と言っておられたからである。弟子たちはこの言葉が分からなかったが、怖くて尋ねられなかった。

一行はカファルナウムに来た。家に着いてから、イエスは弟子たちに、「途中で何を議論していたのか」とお尋ねになった。彼らは黙っていた。途中でだれがいちばん偉いかと議論し合っていたからである。イエスが座り、十二人を呼び寄せて言われた。「いちばん先になりたい者は、すべての人の後になり、すべての人に仕える者になりなさい。」そして、一人の子供の手を取って彼らの真ん中に立たせ、抱き上げて言われた。「わたしの名のためにこのような子供の一人を受け入れる者は、わたしを受け入れるのである。わたしを受け入れる者は、わたしではなくて、わたしをお遣わしになった方を受け入れるのである。」

主イエスがご自身の受難と復活の2回めの予告をなさった後、弟子たちの間で議論されていたことは、誰がいちばん偉いかということでした。なぜ彼らはそのような議論をしたのでしょうか。考えられる一つの理由は、彼らが主の予告を誤解して、まもなく主はエルサレムで王位に着かれる、そのとき誰が主に続く地位に着くだろうかということに関心を抱いていたからということです。主は弟子たちのそうした心をご存じであられました。そのため、十二弟子たちを呼び寄せて主に従うことの意味を改めて教えておられます。それが仕える者として生きることと、子どもを受け入れることについてです。

主は言われます。「いちばん先になりたい者は、……すべての人に仕える者になりなさい」。「仕える」とは、本来奴隷が食卓に仕え、世話をするという意味をもっています。それを突き詰めるならば、他の人の命と生存のために自分の身を差し出すことです。多くの人が他者よりも自分を上に置き、他者に仕えさせる生き方をしようとする中で、逆に他の人の生のために自分を差し出す生き方をせよと主は命じておられます。これは厳しい律法ではありません。むしろ、仕えることの中に主がおられる、主がその同じ場所にわたしたちを招いておられるということによって、それは福音であり、賜物であると言うべきでしょう。

宗教改革者ルターは次のように言っています。「キリスト者はすべての者の上に立つ自由な主人であって、誰にも服さない。キリスト者はすべての者に仕える僕《しもべ》であって、誰にでも服する」。キリスト者はイエス・キリストを唯一の主とするゆえに、他の誰にも服さない自由をもっている。それとともにキリスト者は、主が小さい者に仕えられたがゆえに、誰にでも仕えることができる自由の中に生きる。これがキリスト者のあり方です。

主はさらに仕えることの意味を深めるために、小さな子どもを受け入れることへと話を展開されます。当時、ユダヤの社会においては子どもは価値の低いものと考えられていました。誰がいちばん偉いかと議論している弟子たちには、小さい子どもの存在など眼中になかったことでしょう。そのような弟子たちに対して、小さい子どもを受け入れることは、主を受け入れることに等しいと教えておられます。その場合の「受け入れる」とはどういうことでしょうか。それは何よりもその存在をありのままに認めることです。この小さな存在にも神の愛は向けられ、彼らの救いのためにも主は十字架を担われたということを信じることです。それが「主の名のために」受け入れるということです。

「その（弱い）兄弟のためにもキリストが死んでくださった」（コリント一8・11参照）のです。その弱い者の中にわたしたち自身も含まれています。主によってそのように仕えられた貧しいわたしたちが、他の小さな存在をどうして無視することができるでしょうか。パウロは言います、「……キリストがあなたがたを受け入れてくださったように、あなたがたも互いに相手を受け入れなさい」（ローマ15・7）。そうすることは主を受け入れることであり、ひいては神を受け入れることになると主は言われます。他の人、特に小さな存在といかに関わるかは、主イエスとの関わり、ひいては神との関わりをもそのうちに含んだものであるという重要な関連を、わたしたちは考えなければなりません。

47

# だれが主の味方か

マルコによる福音書9章38－41節

ヨハネがイエスに言った。「先生、お名前を使って悪霊を追い出している者を見ましたが、わたしたちに従わないので、やめさせようとしました。」イエスは言われた。「やめさせてはならない。わたしの名を使って奇跡を行い、そのすぐ後で、わたしの悪口は言えまい。わたしたちに逆らわない者は、わたしたちの味方なのである。はっきり言っておく。キリストの弟子だという理由で、あなたがたに一杯の水を飲ませてくれる者は、必ずその報いを受ける。」

弟子の一人ヨハネが十二弟子以外の人のことについて、主に次のように報告しています。「主の名を使って悪霊を追い出している人がいたのですが、わたしたちに従わないのでやめさせようとしました」（38節参照）。ヨハネは、人が主イエスの名を使って癒しの業《わざ》をするのであれば、自分たちと同じように主に従って来るべきだと考えたのでしょう。彼は主から「それでよい」とのお言葉がもらえるものと期待していたかもしれません。しかし主のお答えはそれとは違って意外なものでした。「やめさせてはならない。わたしの名を使って奇跡を行い、そのすぐ後で、わたしの悪口は言えまい。わたしたちに逆らわない者は、わたしたちの味方である」（39節）。このお言葉の中には、ヨハネに対する戒めと、主の名を用いる人への配慮が含まれています。

ヨハネに対する戒めとは、彼の内にある偏狭な排他性と不寛容に対するものです。ヨハネは確かに漁師としてのすべてを捨てて主に従う者となりました。それは尊いことです。しかし現実には、十二弟子と同じように何もかも捨てて主に従って行くというかたちをとれない者たちもいるのです。今はそれぞれの場所に留まって、そこで与えられた賜物を用いて主のために仕えている人たちもいます。ゲラサの地で主によって悪霊を追い出していただいた人は、主に従って行くことを申し出ましたが、主は彼に「家に帰って、身内の人に主の憐れみを伝えなさい」（マルコ5・19参照）と命じられました。それはこの人に与えられた主に仕えるかたちです。自分たちだけが主のために働いているとの考え違いをしていたヨハネに対して、主は今その特権意識を戒めて、他のかたちの服従の道もあることを教えておられるのです。

主はそのように十二弟子とは異なるかたちで主のために働いている人のことを、「わたしの味方」と呼んでおられます。それは彼らが主の働きに対して妨害者とはならず、実質的には主の協力者として働いていることを寛容に受け入れておられるということです。つまり、彼らにも神からの務めの委託があって彼らはそれを果たしている、と主は受け取っておられるということではないでしょうか。神が彼らをも用いておられるということです。それは彼らに対する信頼というよりも、彼らを用いておられる神に対する信頼から出てくる言葉です。さらに主は、彼らは今は彼らなりのしかたで神の御業《みわざ》を果たしているが、やがて時が来るならば、彼らは次の段階に進むであろうという期待をもっておられるに違いありません。無名の弟子たちにこのあと続いて起こるであろう次なる飛躍を待っておられる主の姿を、そこに見ることができます。そのように主は「主の味方」である人が、いつまでも今のかたちのままであり続けてよいとは考えておられないのです。彼らもやがて主の十字架と復活に対する信仰をもって、主のために身をささげるものとなってほしいと願っておられます。

今日においても、キリスト教への良き理解者である「主の味方」、協力者や「シンパ」はわたしたちの周囲にいます。その人たちによってわたしたち信仰者は間接的に支えられていることを感謝をもって覚えるものです。主はそのような人たちが「主の味方」から真の「主の弟子」になることを待っておられるに違いありません。それはわたしたち自身の祈りでもあります。

48

# 真の命に至る道

マルコによる福音書9章42－50節

「わたしを信じるこれらの小さな者の一人をつまずかせる者は、大きな石臼を首に懸けられて、海に投げ込まれてしまう方がはるかによい。もし片方の手があなたをつまずかせるなら、切り捨ててしまいなさい。両手がそろったまま地獄の消えない火の中に落ちるよりは、片手になっても命にあずかる方がよい。（†地獄では蛆が尽きることも、火が消えることもない。）もし片方の足があなたをつまずかせるなら、切り捨ててしまいなさい。両足がそろったままで地獄に投げ込まれるよりは、片足になっても命にあずかる方がよい。（†地獄では蛆が尽きることも、火が消えることもない。）もし片方の目があなたをつまずかせるなら、えぐり出しなさい。両方の目がそろったまま地獄に投げ込まれるよりは、一つの目になっても神の国に入る方がよい。地獄では蛆が尽きることも、火が消えることもない。人は皆、火で塩味を付けられる。塩は良いものである。だが、塩に塩気がなくなれば、あなたがたは何によって塩に味を付けるのか。自分自身の内に塩を持ちなさい。そして、互いに平和に過ごしなさい。」

主イエスは「小さい者」への愛をこれまで何度か説いてこられました。今日のテキストの冒頭でも、小さい者をつまずかせることに対する厳しい裁きの言葉を語っておられます。「つまずかせる」とはどういうことでしょうか。この語の本来の意味は、人の歩く道に石などを置いて歩く邪魔をする、妨害をするといったことです。これが信仰の世界において用いられると、自分の言葉や行いによって、信仰に生きる人の確信や主への信頼を揺るがして、主から切り離すことなどをさすことになります。意図的にあるいは無意識のうちに、わたしたちはそのような言動をしてしまいがちです。それに対して主は今、それらの人は「海に投げ込まれる方がよい」と厳しい警告を発しておられます。なぜこれほど厳しい言葉が発せられるのでしょうか。

それは信仰に生きようとしている人たちは、次のような人たちだからです。「この兄弟のためにもキリストが死んでくださった」（コリント一8・11）。すなわちそれらの人々は御子《みこ》の命が十字架にささげられることによって、神のもとに取り戻された人たちなのです。そのように主の愛が注がれた人たちを、わたしたちは自分の軽率なあるいは悪意に満ちた言動によって主から切り離してはならないのです。そのことの重大さを示すために主は厳しい裁きを語っておられます。主はまたその言葉によって、つまずかせる人を滅ぼそうとしておられるのではなく、他者との間に生かしあう命の関係を築き上げるようにと促してもおられます。

さらに主は自分自身をつまずかせることについても語っておられます。自分の手や足や目が自分自身をつまずかせるというのはわかりにくいことですが、要するに自分の内面から生じてくるキリストへの背反や罪への誘いに気がついたときは、それに勝利するための真剣な闘いを挑めということでしょう。肉体の病でしたら、病んでいる部分を切除することによって、健康が回復したり命が保たれたりすることがあります。その場合、切除の痛みに耐えなければなりません。それでは自分自身をキリストから切り離そうとする罪という霊的な病の場合はどうすればよいのでしょうか。それは比喩的に言われている手とか足とか目の実際の切除によってなされるものではなくて、真剣な祈りを伴いつつなされる敵対するものとの血を流すほどの闘いによって、それに打ち勝とうとすることによってなされます。そうすることによって人は「命にあずかる」、すなわち真の命を得ることや、「神の国に入る」ことができるものとされます。戦わずしてわたしたちは御国《みくに》の一員としてあり続けることはできないのです。

主は最後に「自分自身の内に塩を持ちなさい」と教えておられます。金属の鉱石が火によって精錬され、純度を高めていくように、わたしたちも試練や霊的な闘いをとおして、邪悪なものや不信仰なものを取り除かれて、神の国の一員にふさわしいものとされていきます。そのような中で与えられるものが「塩」です。それは神からの賜物です。福音を聴くこと、それに従って生きることによって与えられたその塩味を、わたしたちはきょうだいたちの信仰のために、彼らの慰めや励ましのために、さらに教会の形成のために用いることが求められていきます。そうすることは「いつも、塩で味付けされた快い言葉で語りなさい」（コロサイ4・6）とのパウロの教訓に通じるものです。

# 49 神が合わせられたもの

マルコによる福音書10章1―12節

イエスはそこを立ち去って、ユダヤ地方とヨルダン川の向こう側に行かれた。群衆がまた集まって来たので、イエスは再びいつものように教えておられた。ファリサイ派の人々が近寄って、「夫が妻を離縁することは、律法に適っているでしょうか」と尋ねた。イエスを試そうとしたのである。イエスは、「モーセはあなたたちに何と命じたか」と問い返された。彼らは、「モーセは、離縁状を書いて離縁することを許しました」と言った。イエスは言われた。「あなたたちの心が頑固なので、このような掟をモーセは書いたのだ。しかし、天地創造の初めから、神は人を男と女とにお造りになった。それゆえ、人は父母を離れてその妻と結ばれ、二人は一体となる。だから二人はもはや別々ではなく、一体である。従って、神が結び合わせてくださったものを、人は離してはならない。」家に戻ってから、弟子たちがまたこのことについて尋ねた。イエスは言われた。「妻を離縁して他の女を妻にする者は、妻に対して姦通の罪を犯すことになる。夫を離縁して他の男を夫にする者も、姦通の罪を犯すことになる。」

今日、家庭や親子関係や夫婦関係の崩壊が、社会の崩壊の最大の原因であると指摘されます。それほどに深刻な状況です。このことについての聖書の教えの一つが、今日の主イエスとファリサイ派の人々との問答にあります。

あるときファリサイ派の人々が主に次のように尋ねました。「夫が妻と離縁することは、律法に適っているでしょうか」（2節）。これは苦悩の中からの問いではなくて、主が旧約聖書にどれほど通じているかを試そうとするものでした。しかし主はそれを軽くいなすことはなさらずに、正面から受け止めて「モーセはあなたたちに何と命じたか」と問い返しておられます。つまり、律法にどう書かれているかを尋ねておられるのです。彼らは、「モーセは、離縁状を書いて離縁することを許しました」と答えています。彼らはこの掟によって、夫は妻に恥ずべきことがあればいつでも離縁することができる、離縁は合法的である、夫の権利であるとさえ考えていたのでしょう。

しかし主はこのモーセの掟の中に、人間の弱さに対する神の憐れみを見ておられます。「あなたたちの心が頑固なので、このような掟をモーセは書いたのだ」（5節）。これは、崩れた結婚生活を続けることによって、互いがかえって傷つけあい、神への信仰や、礼拝をささげることに支障が生じてくるようであれば、互いが神によって造られた人格を回復し、自身を維持するために別れることはあり得る、と主は解釈しておられます。人間の弱さに対する神の厳しさの緩和あるいは譲歩をこの掟の中に読み取っておられるのです。離婚の勧めではありません。神学者バルトは「主のこの教えと解釈によって、どれほど多くの傷ついた夫と妻が癒されたことであろうか」、また「離婚して再出発することが、神への服従として良い道であることが当事者において、また信仰の良心の下で認められたとき、教会はこれを承認すべきである」と述べています。

しかし主の教えの中心は離縁にあるのではありません。主は続いて、神の創造の業《わざ》に立ち帰って、そもそも男と女とはどういう関係にあるかを思い起こさせておられます。その内容は、神はご自分にかたどって人を男と女に創造された、その二人は神のもとで一体となることによってさらに神に近づくことができる、そのようにして神が結び合わされたものを人は離してはならない、というものです。神が人をご自身にかたどって造られたとは、人は神との対話の中で生きるものとされたということです。そして、男と女とが夫婦として結び合わされることによって、この神との対話はより豊かなものになる、というのが神の創造の目的です。その結びつきによって新たな人格が造り出されることになります。それゆえ、神は男と女とを創造されただけではなく、その結びつきである結婚も創造されたということになります。その結びつきは偶然のものではなくて、創造主なる神の意思のもとにあるのです。それゆえ「実にこのことは信じられるべきことである」とさえ言われます。

わたしたちは常に神の創造の目的に従って人間というものを考え、また結婚について思いをめぐらすべきです。人間の勝手な判断が人と人との関係のあり方を決定してはならないのです。それは社会の混乱の原因となります。今日の教会の務めの一つは、人々が神の創造の目的に従って人間を考え、家庭を考えることを回復するために仕えることです。

# 50 子どもを祝福される主イエス

マルコによる福音書10章13－16節

イエスに触れていただくために、人々が子供たちを連れて来た。弟子たちはこの人々を叱った。しかし、イエスはこれを見て憤り、弟子たちに言われた。「子供たちをわたしのところに来させなさい。妨げてはならない。神の国はこのような者たちのものである。はっきり言っておく。子供のように神の国を受け入れる人でなければ、決してそこに入ることはできない。」そして、子供たちを抱き上げ、手を置いて祝福された。

今の時代は〈子ども受難の時代〉と言われたりします。それほどに子どもや小さな命がさまざまな危機に直面しています。小さい存在が軽んじられる時代はどこかが歪んでいます。主イエスの時代はどうであったのでしょうか。

あるとき、親たちが自分の子どもたちを主のもとに連れて来ました。主から祝福を受けたいと願っていたからでした。しかしそれに対して弟子たちは叱って、彼らを追い払おうとしました。なぜ弟子たちはそうしたのでしょうか。それはきっと弟子たちの頭の中には、子どもにはまだ福音はわからない、彼らには神の国は関係ないという思いがあったからに違いありません。主イエスの宣教活動が子どもたちによって邪魔されてはいけない、という主への心遣いもあったことでしょう。彼らは誰が神の国にふさわしいかどうかの資格検査を勝手にしているのです。このような弟子たちの考えは間違っています。子どもたちにも罪はあります。それゆえ彼らにも罪の赦しが必要であり、救い主が必要なのです。弟子たちにはそのような子ども理解はありませんでした。

主はそのような弟子たちに憤りを覚えられました。そしてこう言われたのです。「子供たちをわたしのところに来させなさい。……神の国はこのような者たちのものである」（14節）。主イエスは明らかに子どもを拒んではおられません。それどころか彼らこそ神の国に入ることができる者たちである、とさえ言っておられます。主は子どものどのような特性に目を向けて、神の国にふさわしいものであると言っておられるのでしょうか。子どものもつ純粋さとか、素直さとか、無邪気さでしょうか。しかし彼らにはそうした善きものだけでなく、わがままな面や自己中心的な面もあります。主は人が子どもに倣うべきものとして、何に注目しておられるのでしょうか。

それは、彼らの〈全面的な他者依存性〉ということとして考えられます。あるいは〈全き受動性〉と言ってよいかもしれません。子どもたちは自分たちだけでは、命を保つことはできません。親たちからの愛や保護や恵みによって生きることができます。つまり自分よりも大きな確かな存在に自己を委ねることによってのみ生きることができるのです。そうすることによって彼らの小ささや弱さが、彼らの強さとなるのです。神の国は人が勝ち取るものではなくて、自己を神に委ねることによって、神によって受け入れられるところにあるのです。子どもたちはそのようにして神の国の一員とされます。それはわたしたちにおいても同じです。わたしたちも神の前にあっては小さな存在にすぎません。子どもが親の懐に飛び込むように、わたしたちも神の懐に飛び込むことによって、永遠の命を与えられるのです。そのことにおいて人は幼子たちの受動性・依存性に、信仰において倣うことが求められます。

パウロは次のように語っています。「いったいあなたの持っているもので、いただかなかったものがあるでしょうか」（コリント一 4・7）。わたしたちが所有している地上のものはすべて、神の許しのもとで自分のものとされています。それと同じように、あるいはそれ以上に、罪の赦し、体の復活、永遠の命の約束など、霊的な善きもののすべても、神からいただかなければ自分のものとなることはありません。つまり、究極的にわたしたちはあらゆることにおいて神に依存している存在なのです。それはわたしたちにとって幸いなことです。そのことを子どもたちから学びなさいと主は教えてくださっています。

51

# 天に宝を積む

マルコによる福音書10章17―22節

イエスが旅に出ようとされると、ある人が走り寄って、ひざまずいて尋ねた。「善い先生、永遠の命を受け継ぐには、何をすればよいでしょうか。」イエスは言われた。「なぜ、わたしを『善い』と言うのか。神おひとりのほかに、善い者はだれもいない。『殺すな、姦淫するな、盗むな、偽証するな、奪い取るな、父母を敬え』という掟をあなたは知っているはずだ。」すると彼は、「先生、そういうことはみな、子供の時から守ってきました」と言った。イエスは彼を見つめ、慈しんで言われた。「あなたに欠けているものが一つある。行って持っている物を売り払い、貧しい人々に施しなさい。そうすれば、天に富を積むことになる。それから、わたしに従いなさい。」その人はこの言葉に気を落とし、悲しみながら立ち去った。たくさんの財産を持っていたからである。

「ある人」が主イエスのもとにやって来ました。この人は22節の記述から、お金持ちであったことがわかります。また並行箇所のマタイ福音書では「青年」とあり、ルカ福音書では「議員」として紹介されています。この人は若くして財産も社会的地位も手にすることができています。同時にそれに満足せずに「永遠の命」についての思いももっていました。神の戒めを守り、真摯な生き方をしていたのですが、何かまだ手にしていない大事なものがあることを感じて、彼は主のもとにそれを求めてやって来ています。

彼は主に「善き先生」と呼びかけています。彼にとって主は、なんでも教えてくれる最高の教師として受け止められていたようです。それに対して主は次のように答えられました。「なぜ、わたしを『善い』と言うのか。神おひとりのほかに、善い者はだれもいない」。これはどういう意味でしょうか。主はこの言葉によって、ご自身の背後におられる父なる神にこの人の目を向けさせようとしておられるのです。単に学ぶことや教わることによって地上の何かを積み上げ、今たりないと感じているものを補おうとするのではなくて、地上の次元を超えたお方に目を向けることによって、そのお方との関係の中で彼の願いがかなえられるようにと、主は天の神をさし示しておられます。

主は続いて彼に、神の戒め、特に十戒の中の人間に関する戒めをもち出しておられます。それはこれらの戒めを表面的に守ることがそれを守ったことになるのではなく、戒めの背後にある神の御心《みこころ》を知って、それに従って生きることこそが大事なことなのだということを教えようとしておられるからです。それらの戒めの中心にあるのは、隣人への愛、隣人と共に生きようとする愛です。

彼は主が示される戒めはみな子どものときから守ってきたと言っています。清潔な生き方をしてきたのでしょう。しかし主は、彼の生き方の中に、今述べた〈愛〉が決定的に欠けていることに気づいておられます。それは裏を返せば、彼は神の戒めを、神の御心《みこころ》にそったかたちでは守っていないということです。それゆえ「あなたに欠けているものが一つある」と厳しい口調で語っておられるのです。それは愛です。しかし、彼はどうしてそう言われなければならないのでしょうか。それは彼の生き方に隣人の存在が全く欠けていて、財産などすべて善きものは自分だけのものとしてしか考えていなかったことにあります。主は言われました、「あなたの富のあるところに、あなたの心もあるのだ」（マタイ6・21）。彼の富があるところに彼の心があるとは、神のところに彼の心はない、それゆえ貧しい人々のところにも彼の心はない、と言うことになります。富を他者のために用いるという発想は彼には全くなかったのです。その生き方を根本的に改善させるものは、愛です。それゆえ、彼が求めている「永遠の生命」の内容は、愛ということになります。

しかし彼の頭の中には全くなかったことを示され、それを求めるように促されて、彼は主が言われるようにはすることはできないという思いで主の前から悲しみつつ去っていきました。人は「神と富とに仕えることはできない」（ルカ16・13）のです。今からのち、彼が自分に向けられた主の慈しみの眼差し（21節参照）を思い出すことができるならば、きっともう一度のチャンスが与えられるに違いありません。

# 52

# 主のゆえに捨てるものと得るもの

マルコによる福音書10章23―31節

イエスは弟子たちを見回して言われた。「財産のある者が神の国に入るのは、なんと難しいことか。」弟子たちはこの言葉を聞いて驚いた。イエスは更に言葉を続けられた。「子たちよ、神の国に入るのは、なんと難しいことか。金持ちが神の国に入るよりも、らくだが針の穴を通る方がまだ易しい。」弟子たちはますます驚いて、「それでは、だれが救われるのだろうか」と互いに言った。イエスは彼らを見つめて言われた。「人間にできることではないが、神にはできる。神は何でもできるからだ。」ペトロがイエスに、「このとおり、わたしたちは何もかも捨ててあなたに従って参りました」と言いだした。イエスは言われた。「はっきり言っておく。わたしのためまた福音のために、家、兄弟、姉妹、母、父、子供、畑を捨てた者はだれでも、今この世で、迫害も受けるが、家、兄弟、姉妹、母、子供、畑も百倍受け、後の世では永遠の命を受ける。しかし、先にいる多くの者が後になり、後にいる多くの者が先になる。」

主イエスは立ち去っていく金持ちの男性の後ろ姿を見ながら、「財産のある者が神の国に入るのは、なんと難しいことか」と言われ、さらに「金持ちが神の国に入るよりも、らくだが針の穴を通る方がまだ易しい」とも言われました。それを聞いた弟子たちは、富や財産は神からの祝福のしるしであるはずなのに、それをもつ者が神の国に入ることが難しいのであれば、「それでは誰が救われるのだろうか」と驚き、また絶望的になっています。

主はここで富める者が神の国に入るのは難しいということを強調しておられますが、なぜそうなのでしょうか。主はお金そのものを問題にしておられるというよりも、それらが人間に対してもつ力を問題にしておられます。あるいは、人がいかにそれらのものに振り回されるものであるかということを問題にしておられるのです。富める者たちがもっている共通の傾向は、持てば持つほどさらに多くのものを持とうとすることです。心が財産や富に奪われてしまうのです。それによって、その人から神が遠のき、さらには、隣人の存在も、ないもののように薄められてしまいます。神への愛と人への愛が、富によって消滅させられるということが起こるのです。富によってその人の心と魂が地上のことに縛られてしまう、そのことへの警告を主はなさっておられます。

混乱する弟子たちに対して主は言葉を続けられます。「人間にはできることではないが、神にはできる」と。富める者であろうが、富を持たない者であろうが、自力で神の国に入るのは難しいけれども、自分の側に自分を救い得るものは何もないことを知って、一切を神に委ねるならば、人の手によって開かれなかった神の国の扉が開かれると言われます。つまり地上の持ち物によらずにすべてを神に委ねることによる可能性を主は語っておられます。それゆえわたしたちは、神の国に入ることの困難さや不可能性について論じるよりも、御国《みくに》に入れられることの可能性を神との関係の中に見出すことが大事です。

主の言葉によって少しばかり希望を抱くことができるようになった弟子たちは、自分たちは何もかも捨てて主に従っています、地上のものには頼っていません、ということを告げています。それに対して主が応答しておられる言葉が、29―30節に記されています。その要点は、主への服従のために捨てることによって、捨てたもの以上のものを手にすることができるという約束です。捨てる対象として挙げられているものは、家族や財産などです。どれも大変身近なものばかりです。主に従うという目的のために何かを捨てたとき、その人に対して神は捨てたもの以上のものをもって報いてくださる、と主は言われます。捨てたものの百倍に当たるものを神の国で与えられるというのです。これは物質的なものではなくて霊的なもの、地上的なものではなくて天的なものです。ひとことで言えば、「永遠の命」のことです。

さらにわたしたちが見落としてならないことは、百倍のものを受けるのは「捨てられた者たち」の側においても起こりうる、ということです。彼らもやがて神との新しい関係に移されるというのが何でもおできになる神の約束であり、それゆえにそのことがわたしたちの祈りでもあり希望ともなります。したがって、ここでいう「捨てる」という行為は、神に委ねるという意味であることがわかります。

53

# 天の主イエスの右と左の座

マルコによる福音書10章32―41節

一行がエルサレムへ上って行く途中、イエスは先頭に立って進んで行かれた。それを見て、弟子たちは驚き、従う者たちは恐れた。イエスは再び十二人を呼び寄せて、自分の身に起ころうとしていることを話し始められた。「今、わたしたちはエルサレムへ上って行く。人の子は祭司長たちや律法学者たちに引き渡される。彼らは死刑を宣告して異邦人に引き渡す。異邦人は人の子を侮辱し、唾をかけ、鞭打ったうえで殺す。そして、人の子は三日の後に復活する。」

ゼベダイの子ヤコブとヨハネが進み出て、イエスに言った。「先生、お願いすることをかなえていただきたいのですが。」イエスが、「何をしてほしいのか」と言われると、二人は言った。「栄光をお受けになるとき、わたしどもの一人をあなたの右に、もう一人を左に座らせてください。」イエスは言われた。「あなたがたは、自分が何を願っているか、分かっていない。このわたしが飲む杯を飲み、このわたしが受ける洗礼を受けることができるか。」彼らが、「できます」と言うと、イエスは言われた。「確かに、あなたがたはわたしが飲む杯を飲み、わたしが受ける洗礼を受けることになる。しかし、わたしの右や左にだれが座るかは、わたしの決めることではない。それは、定められた人々に許されるのだ。」ほかの十人の者はこれを聞いて、ヤコブとヨハネのことで腹を立て始めた。

主イエスは3回めのご自身の受難と復活の予告をされました（33―34節）。これを聞いた十二弟子の中のヤコブとヨハネの兄弟が、主イエスに願い出をしています。それは、主が栄光をお受けになるとき、自分たちの一人をあなたの右に、もう一人を左に座らせてください、というものです。これはどういうことでしょうか。考えられることは、次のことです。弟子たちは、主の受難と復活の三度めの予告を聞いたとき、主の死が近いことと、同時に、主が栄光の座に着かれる時も近づいてきたと考えました。そうであれば、自分たち兄弟を主に次ぐ地位につけてほしいと今のうちに願っておこうということです。

彼らは主の十字架の意味を何もわかっていません。自分たちは家も家族も仕事も捨てて主に従ってきたのだから、そのように要求する権利がある、とでも思っているかのようです。ある神学者は、「彼らは主からまるで何も教えられなかった者のようである」と述べていますが、まさしくとんちんかんなことを彼らは願い出ているというほかありません。

主はそれに対して、彼らを厳しくとがめるのではなくて、一つの問いかけをされます。「あなたがたは、わたしが飲む杯を飲み、わたしが受ける洗礼を受けることができるか」と問われるのです。その意味は、主イエスと共に十字架の死を受け入れる覚悟があるかとの問いです。二人はその内容がよくわからないまま、「はい、できます」と答えています。なんと素直な答えであろうか、いや何と浅薄な応答であろうかと考えさせられます。そのような彼らに主は、

「確かに、あなたがたはわたしが飲む杯を飲み、わたしが受ける洗礼を受けることになる」(39節)と述べておられます。それは、彼らは今は何もわかっていないが、いずれ彼らも信仰のゆえに死ななければならない時が来ると告げておられるのです。そのとおり、ヤコブは殉教の死を遂げ(使徒12・2参照)、ヨハネも伝説によれば殉教の死を遂げています。主は彼らの今の思いを超えて、彼らを信仰の高みに導いてくださいます。

この兄弟のことを聞いた他の十人の弟子たちは怒っています。彼らも同じことを考えていたからです。そのような弟子たちに主が教えられたことについては、次週、42節以下でご一緒に御言葉《みことば》に聞きましょう。

ここから示されることとは、神が人間に求めておられることと、人が神に求めることとの間には、とてつもない隔たりがある場合があるということです。それがわかったとき、何が起こるでしょうか。先に人間の場合を考えてみますと、あの富める男性が悲しみつつ主の前から去って行ったように(10・22)、神から離れるということです。神を諦めるのです。それでは神はどうでしょうか。神は人を簡単に諦めることはなさいません。主がこの兄弟の地上的な願いを受け止めた上で、最終的に彼らを霊的に高いレベルへと引き上げられたように、わたしたちも神によって時間をかけながら、より高いレベルへと引き上げられるのです。そうでなければ、わたしたちの服従は可能とはなりません。わたしたちは弟子たちのように、主のために殉教の死を遂げることはできなくても、主のために生きることはできます。主のために全身全霊をささげて仕えるのです。その姿に主なる神が応えてくださるでしょう。

## 54

# 仕える者として生きる

マルコによる福音書10章42―45節

そこで、イエスは一同を呼び寄せて言われた。「あなたがたも知っているように、異邦人の間では、支配者と見なされている人々が民を支配し、偉い人たちが権力を振るっている。しかし、あなたがたの間では、そうではない。あなたがたの中で偉くなりたい者は、皆に仕える者になり、いちばん上になりたい者は、すべての人の僕になりなさい。人の子は仕えられるためではなく仕えるために、また、多くの人の身代金として自分の命を献げるために来たのである。」

御国《みくに》が完成したときには王位に着かれるはずの主イエスの右と左の座に自分たちを着かせてほしいと願う弟子ヤコブとヨハネの求めに対して、主は弟子たちが本来求めるべきことは何であるかを教えておられます。その中心にあるのは、「仕える者」として生きよ、ということです。そのことを語られるにあたって、主はまず異邦人の生き方についてふれておられます。異邦人とは、イスラエル民族以外の人々のことで、内容的には真の神を知らない人々ということになるでしょう。彼らは、真に畏れるものを知らないために、この世の力や財産を多く持つことによって人々の上に立ち、人々を支配しようとします。主の時代の異邦人はそのようでした。主は、弟子たちはそうであってはならないと言われます。

一方、主の弟子たち、また真の神を知らされた者たちの生き方は、内容的には、「皆に仕える者」「すべての人の僕《しもべ》になること」として言い表されています。そのような生き方が可能となるのは何によってでしょうか。どこにその見本となるものを見出せばよいのでしょうか。それに対して主は、ご自身のことを明らかにされることによって、答えておられます。「人の子は仕えられるためではなく仕えるために、また、多くの人の身代金として自分の命を献げるために来たのである」(45節)。「人の子」とは、主ご自身のことです。この言葉の中に、主がいかなるお方であられるかが端的に言い表されています。人は罪という悪しき力の捕らわれとなっている、そのような人間を解放するために、主は神の前にご自身の命を差し出して、その結果、神から罪人の命を買い戻してくださる、という主イエスによる救いのこと、すなわち贖《あがな》いのことが語られています。わたしたちは、その主の身代金によって、神のものとして買い戻されました。それゆえ、主に従う者たちも、主に倣って他の人の命のために自分の身を差し出すのです。それが仕えるということの本質です。

使徒パウロは、主イエスは「神の身分でありながら、神と等しい者であることに固執しようとは思わず、かえって自分を無にして、僕《しもべ》の身分になり、人間と同じ者になられました」(フィリピ2・6―7)と告白しています。これは人となられた神の子イエスのへりくだりを述べたものです。その主のへりくだりの姿の中にわたしたちのあるべき姿を見出して、わたしたちも自分のことに固執せずに、他者が真に生きる者となるために、また他者の命が神のもとに連れ帰されるために、自分自身の命と存在を投げ出して用いることが求められています。そのような生き方こそが「仕える」ということであり、それは主イエスに倣うことによってわたしたちの内に始まるものです。

主は最後の晩餐の席で弟子たちの足を洗われた後に、次のように言われました。「わたしがあなたがたにしたとおりに、あなたがたもするようにと、模範を示したのである」（ヨハネ13・15）。弟子たちの生き方の基本は、このような主のへりくだりと仕える姿の中にあることが、今示されました。彼らは天の主イエスの右と左の座を争うことから解放されて、他の人に向かわなければなりません。主はそのことを何よりも尊いこととされます。それはわたしたちにおいても同様です。

55

# 見えるようになりたいのです

マルコによる福音書10章46−52節

一行はエリコの町に着いた。イエスが弟子たちや大勢の群衆と一緒に、エリコを出て行こうとされたとき、ティマイの子で、バルティマイという盲人の物乞いが道端に座っていた。ナザレのイエスだと聞くと、叫んで、「ダビデの子イエスよ、わたしを憐れんでください」と言い始めた。多くの人々が叱りつけて黙らせようとしたが、彼はますます、「ダビデの子よ、わたしを憐れんでください」と叫び続けた。イエスは立ち止まって、「あの男を呼んで来なさい」と言われた。人々は盲人を呼んで言った。「安心しなさい。立ちなさい。お呼びだ。」盲人は上着を脱ぎ捨て、躍り上がってイエスのところに来た。イエスは、「何をしてほしいのか」と言われた。盲人は、「先生、目が見えるようになりたいのです」と言った。そこで、イエスは言われた。「行きなさい。あなたの信仰があなたを救った。」盲人は、すぐ見えるようになり、なお道を進まれるイエスに従った。

これはエリコの町における主イエスとバルティマイという盲人との出会いの物語です。バルティマイが物乞いのために道端に座っていたとき、自分の前を通って行かれるお方が、ナザレのイエスであることを知らされました。すると彼はすぐにこう呼びかけています、「ダビデの子イエスよ」と。「ダビデの子」とは、イスラエルの偉大な王であるダビデの子孫ということですが、これはある特別な意味をもっていました。すなわち、神がこの国に送ると約束されているメシアがその名で呼ばれていたのです。バルティマイは、神から与えられた特別な認識の賜物によって、イエスをメシア、すなわち約束の救い主と信じて呼びかけているのです。これは彼に与えられた信仰告白の言葉です。

さらに彼は、主イエスに「わたしを憐れんでください」とも言っています。つまり自分の見えない目を見えるようにしてくださいとの祈りをささげています。この機会を逃しては二度とこの方にお会いする機会はないと感じてのことなのか、必死に主に向かって祈りの言葉を投げかけています。

それに対して主の周りにいた多くの人々（その中には弟子たちも含まれていたかもしれません）は、彼を制して主に近づけないようにしています。以前、子どもたちを主のもとに連れて来た人たちを弟子たちが叱りつけたように（10・13以下）、このときも人々は同じようなことをしています。主に近づける人とそうでない人とを勝手により分けている主の周辺にいる人々の相変わらずの心がここに表されています。彼らは自分たち自身のことはどのように考えていたのでしょうか。

しかし主は言われます、「あの男を呼んで来なさい」。群衆の騒ぎ立てる声を超えて、主はひとりの人の必死の叫びを聞き取り、その人をご自身のもとに招かれるのです。ちょうど大勢の群衆の中にいてそっと手を伸ばして主の衣の裾に触れたあの出血の止まらない女性の手の動きを見分けられたように（マルコ５・25以下）。呼ばれた彼は躍り上がって主のもとにやって来ます。主がわたしたちの叫びや祈りに耳を傾けてくださることは、こんなにも大きな喜びなのです。主はこの人の願いが何であるかを確認した上で、それを聞き入れてくださいました。「あなたの信仰があなたを救った」と言われるとおり、彼の目は主の憐れみを受けて、見えるようになりました。主は、彼の主にすがる一途な思いを彼の「信仰」と言ってくださっています。長血の女性の場合も同じでした。

多くの人にその人固有の叫びがあります。自分の願いと現実との隔たりの中で苦しんでいる人たちが多くいます。それぞれに「叫び」を内に抱えているのです。それを抱えて主のもとに行こうとするとき、いろいろな力が「やめとけ」と言って制します。もしかすると自分が自分自身を制して、「やめなさい」「意味がない」と言っている場合もあるかもしれません。しかし主はそのような人たちの内なる叫びを聞き取って、「その人をわたしのもとに連れて来なさい」と言ってくださっています。主のもとに来るべきか否かは人が決めることではありません。主ご自身がお決めになります。主は今も「あの人をわたしのもとに連れて来なさい」と呼びかけておられます。わたしにとって「あの人」とはだれのことでしょうか。そうです「あの人」のことです。

56

# 主がお入り用なのです

マルコによる福音書11章1―6節

一行がエルサレムに近づいて、オリーブ山のふもとにあるベトファゲとベタニアにさしかかったとき、イエスは二人の弟子を使いに出そうとして、言われた。「向こうの村へ行きなさい。村に入るとすぐ、まだだれも乗ったことのない子ろばのつないであるのが見つかる。それをほどいて、連れて来なさい。もし、だれかが、『なぜ、そんなことをするのか』と言ったら、『主がお入り用なのです。すぐここにお返しになります』と言いなさい。」二人は、出かけて行くと、表通りの戸口に子ろばのつないであるのを見つけたので、それをほどいた。すると、そこに居合わせたある人々が、「その子ろばをほどいてどうするのか」と言った。二人が、イエスの言われたとおり話すと、許してくれた。

マルコによる福音書11章から終わりまで、主イエスのエルサレムにおける最後の一週間が記述されます。この福音書全体の実に三分の一以上の分量が用いられていることから、この一週間がいかに重要であるかがわかります。

主は今エルサレムに入られます。この都市は城壁に囲まれた都市でしたから、そこに入ることは「入城」として言い表されます。主がその入城のために用いられた方法が特別なものでした。それを二つの面から考えてみましょう。

一つは主がろばに乗って入城されたことです。それは、旧約聖書の預言どおりのことを主がなさったためです。ゼカリヤ書に次のように記されています。

「娘エルサレムよ、歓呼の声をあげよ。見よ、あなたの王が来る。彼は神に従い、勝利を与えられた者、高ぶることなく、ろばに乗って来る」（9・9）。

この預言どおり主はイスラエルの王として、また約束のメシア（救い主）として、ろばに乗ってエルサレムに入って行かれます。それはこの預言が、今主イエスによって実現されていることを人々に示す行為でした。そしてエルサレムの人々も、ろばに乗って入城される主イエスを見て、この預言を思い起こし、その成就を確信し、歓迎しています。このときの様子については、次週に7節以下でもう少し詳しく考えます。このように主がろばを用いられたことの第一の理由は、預言との関係からなされたことでした。

次に、預言にも「高ぶることなく」とあるように、主はろばを用いることによってご自身の仕える姿を表しておられます。ろばは、一般的に言って馬ほど見栄えのよいものではありません。家畜の初子が生まれたときにはそれを神にささげるのが決まりでしたが、ろばの場合は小羊に代えられました（出エジプト34・20参照）。価値が低いということなのでしょう。しかしろばは柔和な性格で忍耐強く、重荷を背負って黙々と働きます。華々しい軍馬ではなくて、ろばを用いることによって、主はご自身が人々に仕える者としてのメシアであることを示しておられます。人々は預言の成就に関してはある程度理解できたでしょうが、ろばを用いることの信仰的意味には気がついていないかもしれません。

こうして主はエルサレムに入られるのですが、このろばをどのようにして調達されたのでしょうか。それは、弟子たちに命じて、ある村からろばを借りてくることによってでした。弟子たちは命令どおり出かけてろばを借りることができたのですが、そのとき、これは「主がお入り用なのです」と断って借りています。主が前もって手配しておられたのでしょうが、そのろばを新しい王としての主がエルサレムに入城するために必要なものとして借りることができたのです。主が必要としておられるものが、主のご要望どおりに用いられるとは何と幸いなことでしょうか。

主はわたしたちをも、時に応じて呼び出されます。そのときわたしたちが「なぜなのですか」と問うならば、主は言われます。「わたしがあなたを必要としているからだ」と。それに対する応答の道は一つしかありません。それは主が今必要とされているものを差し出すことです。神の御用に役立てられるとは、なんと幸いなことでしょう。

今日は76回めの敗戦記念日です。次の祈りを思い起こします。「主よ、わたしをあなたの平和の器として用いてください」（アッシジのフランチェスコの祈り『平和の器』より）。

57

# ろばに乗って来られる主

マルコによる福音書11章7－11節

二人が子ろばを連れてイエスのところに戻って来て、その上に自分の服をかけると、イエスはそれにお乗りになった。多くの人が自分の服を道に敷き、また、ほかの人々は野原から葉の付いた枝を切って来て道に敷いた。そして、前を行く者も後に従う者も叫んだ。／「ホサナ。／主の名によって来られる方に、／祝福があるように。／我らの父ダビデの来るべき国に、／祝福があるように。／いと高きところにホサナ。」／こうして、イエスはエルサレムに着いて、神殿の境内に入り、辺りの様子を見て回った後、もはや夕方になったので、十二人を連れてベタニアへ出て行かれた。

11章1節以下には主イエスのエルサレム入城の様子が描かれていますが、今日のテキスト部分では、特に人々の動きが二つの面から描かれています。一つは弟子たちや人々が、主イエスが乗られるろばの背に、鞍代わりに自分たちの服をかけたことです。そして主がろばに乗って歩かれる道には、服を敷いたり、野原から集めて来た葉のついた枝などを敷いています。これは絨毯の代わりなのでしょう。これらの行為は、ゼカリヤ書9章9節の預言を思い起こし、その預言が成就したことを彼らなりに表現しているものです。こうして人々は主イエスを待望の「メシア」、新しい王として歓迎しています。

さらに人々は、「ホサナ、主の名によって来られる方に祝福があるように」と讃美の声をあげています。これは、詩編118編25―26節からの引用で、わたしたちの救い主がついにおいでになった、主よ、どうか一日も早く救いを完成してください、との思いで叫ばれている讃美であり、祈りです。

このように主イエスを歓迎している人々とは誰のことでしょうか。十二弟子たちは当然含まれていますが、ほかにガリラヤから主に従ってきた人々、さらにはエルサレムで主を迎える人々などが考えられます。彼らは小さな芝居をしているようですが、そうではなくて旧約聖書の預言の成就を主イエスの到来に見て、彼らなりに精一杯、聖書に忠実に主をお迎えしているとみるべきでしょう。

こう考えると、人々は主イエスに対して正しい認識と信仰とをもっているかのようにみえます。それがなぜ、数日後には弟子たちは主のもとから逃げ去り、エルサレムの人々は主に対して「十字架につけろ」と叫ぶようになったのでしょうか。それは彼らが預言者たちが示した新しいメシア、新しい王に対して間違った思い込みや先入観をもっていたからということによります。彼らは、新しいメシアは政治的、軍事的にイスラエルを輝かせるものと思い描いていました。勝手なメシア像を作り上げていたのです。しかし数日の間に、主イエスの実体は、そのようなものではないということがはっきりしてきました。そのため人々は裏切られたと思い、主に対する反旗を翻したのです。

このことはわたしたちにとって大きな教訓となります。わたしたちが主を人々に証しするとき、人々の要求に何でも応えてくださるお方であるかのように、主による安価な恵みとか救いを約束することがあってはならないということです。相手に迎合するようなかたちでキリスト像をゆがめないようにしなければなりません。パウロは「神の慈しみと厳しさを考えなさい」(ローマ11・22)と述べています。主の愛や赦しとともに、裁きの厳しさも語らなければなりません。主は裁きつつ赦したもうお方なのです。

ところで、人々の歓迎ムードの中で、主はどう応えられたでしょうか。主は御自身が予定されたとおりに、また人々の歓迎のうちに、入城された後、神殿の様子をご覧になって夕刻にエルサレムを離れられました。その間、主は人々の歓迎ぶりの中に、人々の置かれている状況、すなわち救いを必要としている状況を肌で感じ取られたことでしょう。飼い主のいない羊の群れのような人々がそこにいます。その人々に主の憐れみは向けられます。そして「ホサナ、主よ、お救いください」との叫びは、人々の期待するかたちではなく、十字架において結晶するのです。

58

# 実のないいちじくの木

マルコによる福音書11章12―14、20―21節

翌日、一行がベタニアを出るとき、イエスは空腹を覚えられた。そこで、葉の茂ったいちじくの木を遠くから見て、実がなってはいないかと近寄られたが、葉のほかは何もなかった。いちじくの季節ではなかったからである。イエスはその木に向かって、「今から後いつまでも、お前から実を食べる者がないように」と言われた。弟子たちはこれを聞いていた。

翌朝早く、一行は通りがかりに、あのいちじくの木が根元から枯れているのを見た。そこで、ペトロは思い出してイエスに言った。「先生、御覧ください。あなたが呪われたいちじくの木が、枯れています。」

聖書の中には難解な言葉や教えがいくつもありますが、本日のいちじくの木に関する事柄もその一つです。主がエルサレム入城を果たされてから2日めのことです。主イエスの一行は滞在しておられたベタニアを出てエルサレムに向かっておられます。そのとき主は空腹を覚えら

れて、実を求めていちじくの木に近づかれました。しかしその木には実がなっていませんでした。それで主はその木に向かって「今から後いつまでも、お前から実を食べる者がないように」と言われました。これはあとでペトロが「呪われたいちじくの木」（21節）と言っているように、呪いの言葉でした。呪いとは神の裁きを求める言葉と言ってもよいでしょう。事実、その木は翌日枯れてしまいました（21節）。

なぜ主はそのようなことをなさったのでしょうか。時期は過越の祭りに近い頃ですから春先であり、この頃のいちじくの木には普通は実がならないのです（13節参照）。しかし主があえてこのようなことをなさったのは、弟子たちに何かを教えようとされてのことであったに違いありません。いちじくの木はぶどうの木と並んで旧約聖書において、イスラエルを表す（象徴する）ものとしてよく用いられました。そしてそのいちじくの木に実がならないということを、預言者たちはしばしば警告しました（エレミヤ書8・13等参照）。つまりイスラエルの人々が悔い改めて主なる神のもとに帰ることがなかなか起こらないということを訴えたのです。

主はそのことを踏まえながら、今イスラエルの人々に悔い改めの実を見ることができないことを示唆し、それが結果として招くことは、神による裁きであることをこの出来事をとおして教えておられます。これはある種のたとえ話的なものです。主がよく用いられる言葉によるたとえ話ではなくて、〈行為によるたとえ話〉として霊的な教えを含んでいるものです。つまりこのままいくならば、イスラエルは神の裁きを受けて滅びを免れることはできない、との警告がここでなされているのです。弟子たちは、そのことを学び取ることが求められていますが、しかし彼らはまだそのことに気がついていません。

このような警告をなさった主イエスですが、実際は、神の裁きを受けられたのは主ご自身でした。イスラエルの人々が、そしてすべての罪人が悔い改めの実をならさないままに神の裁きを受けることを主は良しとなさらず、すべての者に代わって自ら十字架での裁きを受けることによって、罪人の永遠の死にいたる神の裁きを免れさせてくださったのです。そこに神の「慈しみと俊厳」が表されました。御子《みこ》を裁くことによって罪人の裁きを完了したこととされた神は、この御子の死の中に自分の罪と死を認めて、神のもとに立ち帰る者に、救いを約束してくださっているのです。エルサレムでの主イエスの数日は、そのことが明らかにされる決定的な日々でした。

この救いの出来事は、わたしたち人間が自分たちに都合が良いように勝手に造り出した救済劇ではありません。神ご自身の手による救いの事実なのです。わたしたちも葉ばかり生い茂っているいちじくのようではなくて、神が喜ばれる悔い改めの実を実らせるものでありたいと願います。そのためには、ますます十字架の主イエスに近づかなければなりません。

59

# 神殿を清める主イエス

マルコによる福音書11章15―19節

それから、一行はエルサレムに来た。イエスは神殿の境内に入り、そこで売り買いしていた人々を追い出し始め、両替人の台や鳩を売る者の腰掛けをひっくり返された。また、境内を通って物を運ぶこともお許しにならなかった。そして、人々に教えて言われた。「こう書いてあるではないか。／『わたしの家は、すべての国の人の／祈りの家と呼ばれるべきである。』／ところが、あなたたちは／それを強盗の巣にしてしまった。」／祭司長たちや律法学者たちはこれを聞いて、イエスをどのようにして殺そうかと謀った。群衆が皆その教えに打たれていたので、彼らはイエスを恐れたからである。夕方になると、イエスは弟子たちと都の外に出て行かれた。

ここには、〈宮清め〉として知られているエルサレム神殿での出来事が記されています。それは主イエスが、神殿の境内で商売をしていた人々を荒々しく追い出された事件です。ここでの商売人たちは、神殿当局（祭司たち）の許可のもとで参拝者たちのための商売をしていました。ささげものの動物を用意するとか、外国貨幣しか持っていない人たちのために両替をするなどの商売です。これは本来、礼拝者の便宜のために許されていたものでした。その商売人たちを主イエスが追い出されたのはどうしてでしょうか。それは主がそこで行われていた不正を見抜かれたからです。商売人たちは、その商売によって暴利をむさぼっていました。当局者たちもそれを容認することによって、いくらかのわいろを受け取っていたのです。神殿は本来、神への礼拝の場です。また神殿は神への祈りの場です。そしてさらには、神殿はそこで礼拝をし、祈りをささげることをとおして、隣人への愛を養われる場です。そのような礼拝者たちに仕える役目をもっている商売人たちは、その本来の目的から外れてしまって、悪徳商法に陥っていました。神殿が腐敗してしまっているのです。それをご存じになられた主は、神殿の本来の姿を取り戻すために、このような行動に出られたのです。

そして主は旧約聖書からの言葉の引用によって、神殿の本来の姿と、それから外れている姿とをお示しになります。本来の姿とはイザヤ書56章7節からの引用で、神殿は本来「祈りの家」でなければならないということです。しかし実情はエレミヤ書7章11節からの引用によって「強盗の巣窟」に成り下がっていることを指摘しておられます。神殿が敬虔な場ではなく、人間の欲の場になっていることを主は憂えておられます。宗教改革時代の一つのスローガンは「神の栄光のみ」ということでした。主は神殿においてこの栄光を陰らせている要因を取り除くために、この行動を起こされたのです。主はこう言われました。「神は霊である。だから、神を礼拝する者は、霊と真理をもって礼拝しなければならない」(ヨハネ4・24)。ここに立ち帰らなければならないのです。

このことから二つのことを考えてみましょう。一つはわたしたちの教会についてです。今日の教会もある意味で神殿です。しかし現実の教会は「まことに、神はあなたがたの中におられます」との告白が生まれてくるような霊に満ちたものでありえているでしょうか。神への讃美と祈りと服従に満ちた礼拝を回復したいと願います。

もう一つは、わたしたち自身についてのことです。パウロはこう述べています。「知らないのですか。あなたがたの体は、神からいただいた聖霊が宿ってくださる神殿であり、あなたがたはもはや自分自身のものではないのです」（コリント一6・19）。驚くべきことに信仰者一人ひとりは神殿である、そこには聖霊が宿っていて聖霊の器とされているのだというのです。そうであれば、わたしたちは自分の体をもって神の恵みと憐れみを輝き出すものでなければなりません。この貧しい自分が聖霊の宿る神殿の役割を担わされていることを畏れと光栄をもって覚え、何とかしてその名にふさわしく生きようと祈りつつ、与えられた務めを果たしていきたいと願います。

60

# 山を動かすほどの信仰

マルコによる福音書11章20－26節

翌朝早く、一行は通りがかりに、あのいちじくの木が根元から枯れているのを見た。そこで、ペトロは思い出してイエスに言った。「先生、御覧ください。あなたが呪われたいちじくの木が、枯れています。」そこで、イエスは言われた。「神を信じなさい。はっきり言っておく。だれでもこの山に向かい、『立ち上がって、海に飛び込め』と言い、少しも疑わず、自分の言うとおりになると信じるならば、そのとおりになる。だから、言っておく。祈り求めるものはすべて既に得られたと信じなさい。そうすれば、そのとおりになる。また、立って祈るとき、だれかに対して何か恨みに思うことがあれば、赦してあげなさい。そうすれば、あなたがたの天の父も、あなたがたの過ちを赦してくださる。」（†もし赦さないなら、あなたがたの天の父も、あなたがたの過ちをお赦しにならない。）

主イエスが前日呪われたいちじくの木が枯れているのを見て驚く弟子たちに語られた言葉が、22節以下に記されています。その中に「信じて疑わないならば、山に向かって海に飛び込めと言えば、必ずそのようになる」というよく知られている言葉も含まれています。これははたしてそのまま受け入れることができるものなのでしょうか。確かに神がそのように命じられるのであれば、そのことも起こるでしょう。また、主イエスが命じられるのであれば、そのことも起こるでしょう。しかしわたしたち人間には到底不可能としか言いようがありません。なぜなら、わたしたちは常にいくらかの疑いを抱えているからです。

これはある種の比喩的性格をもったものと考えることができます。主は、この言葉によって、信じて神に願い求めることはいつか驚くべき結果をもたらす、ということを教えておられるのです。「山」とは、人の力ではどうすることもできない、大きな困難や障壁のことです。しかし、心から神に願い続けるならば、いつかそこに何かが起こるということです。人が祈りによって神に一歩近づけば、神もわたしたちに近づいてくださいます。そのようにして祈り続ける中で、抱えている事態に神が大きな変化を生じさせてくださるということを、主は約束してくださっています。

神を信じるとは、神の存在を知っているとか、ただ神の存在を信じるということと同じではありません。神を信じるとは、神の魔術的な力を信じるということでもありません。神を信じるとは、どのような結果が生じようとも、すべてを神に委ねて生きるということです。「神にできないことは何一つない」という信仰に立って、結果うんぬんで神を評価することはせず、結果を含めてすべてを神に委ねることです。その信仰に生きることを主は今弟子たちに教えておられます。「人は祈る前に疑い、祈りながら疑い、祈った後に疑う」（ハレスビー）と言われているとおりのわたしたちです。しかし神はわたしたちが考えているよりはるかに大きな方であることを忘れてはなりません。それゆえ、その信仰に立つ限り、「祈り求めるものは既に得られたと信じなさい」ということもまた真理なのです。すべてを神に委ねたからです。

神を信じる者は、祈りへと向かいます。神が赦してくださっているからこそ、わたしたちは神に向かうことができます。そして、祈りによって平安を得るのです。さらに主はこう言われます。「祈るとき、誰かに対して恨みに思うことがあれば、赦してあげなさい」と。祈りは神に赦された者に与えられた恵みの特権です。そうであれば、次にその人は他の人の赦しに生きる者でなければなりません。神と人という縦の関係が修復された者は、次に人と人という横の関係の修復に向かうのです。兄弟への赦しがたい思いをもって祈ることは、兄弟を軽んじているというよりも、神を冒瀆しているということなのです。兄弟との関係に、神との関係によってもたらされた恵みを反映できない者は、まだ神の赦しの恵みが十分にわかっていないということになります。

こうして主は、数日後のご自分の十字架上の死を思いつつ、地上に残していく弟子たちが、主の十字架の後に思い起こすことができるように、さまざまな豊かな教えを与えておられます。主の荒々しい行為や激しい言葉の中に秘められている大いなる恵みを、わたしたちも受けとめましょう。

61

# 主イエスの権威

マルコによる福音書11章27―33節

一行はまたエルサレムに来た。イエスが神殿の境内を歩いておられると、祭司長、律法学者、長老たちがやって来て、言った。「何の権威で、このようなことをしているのか。だれが、そうする権威を与えたのか。」イエスは言われた。「では、一つ尋ねるから、それに答えなさい。そうしたら、何の権威でこのようなことをするのか、あなたたちに言おう。ヨハネの洗礼は天からのものだったか、それとも、人からのものだったか。答えなさい。」彼らは論じ合った。「『天からのものだ』と言えば、『では、なぜヨハネを信じなかったのか』と言うだろう。しかし、『人からのものだ』と言えば……。」彼らは群衆が怖かった。皆が、ヨハネは本当に預言者だと思っていたからである。そこで、彼らはイエスに、「分からない」と答えた。すると、イエスは言われた。「それなら、何の権威でこのようなことをするのか、わたしも言うまい。」

主イエスがエルサレム神殿を清める行動をなさった次の日、イスラエルの権威者たち、すなわち、祭司長、律法学者、長老たちが主イエスに対して、「何の権威で、このようなことをしているのか」と厳しく詰め寄っています。自分たちこそ、イスラエルの宗教とその中心である神殿に対して責任をもった者たちである、神殿を治める権威を与えられているのは自分たちだとの自負のもとで、主に対する抗議がなされています。自分たちを無視して、地方のナザレから来たイエスが神殿のあり方を厳しく批判し、それを改革しようとしている、それが何の権威によって行われているものなのかが全くわからない、と考える彼らの憤りと焦りとがそこに表れています。

主イエスは、詰め寄る彼らに対して、逆に問いを投げかけておられます。主に問う者に逆に問い返す、それは主がときどき用いられた方法です。それによって問題となっていることを深めようとしておられるのです。主の問いは、人々に悔い改めの洗礼を施す働きをし、すでに殺された洗礼者ヨハネは、その働きを何の権威によって行ったのか、天（神）からの権威か、それともヨハネの勝手な人間的考えからなのか、と問いかけておられます。そのことがはっきりわかれば、主イエスがいかなるお方であるかもわかるはずだと主は考えておられます。

それに対して祭司長たちはどのように答えたでしょうか。彼らは考えました。もしヨハネの行動の背後に神がおられると言えば、彼らがヨハネを死に追いやったこととつじつまが合わなくなる。一方、ヨハネの働きは人間的なものであり、神とは関係がないと言ったら、ヨハネを神からの預言者として信じている群衆が反撃するかもしれない、と彼らは恐れました。そしてついに彼らは「分からない」と答えたのです。つまり、主の問いから逃げました、それによって彼ら自身が抱えていた問題からも逃げてしまったのです。それぞれの問いに正面から向き合って、主と共に考えることができたら、彼らは新しい世界へと一歩踏み出すことができたはずです。しかしそうはしなかった彼らは、真理に近づく絶好の機会を逃してしまいました。主は彼らに対して、「それならわたしも答えない」と言われたのです。主は今彼らに奥深い真理を話しても無駄だと判断されたのでしょう。

「神の言葉を、最初から最後まで拒む人が多くいることは、キリスト者にとって茨やとげのようなものである」と嘆いている信仰の先達がいます。確かにそうです。しかし、それが悲しいかなわたしたちの世界の現実です。主イエスの言葉にふれる機会を与えられた人たちが、それまでに自分で作り上げてきた神観念とか救いとは何かという思いを、もう一度根底から問い直す機会とすることができれば、どんなに良いことであろうかと思わされます。「信じたい」という叫びであれ、「信じられない」といううめきであれ、それが主イエスに向かって真剣に投げかけられるならば、そこから主イエスとの対話が始まり、主の背後におられる、自分と向き合ってくださっている父なる神との出会いへと導かれていくに違いありません。主はすべての人に対して、権威者たちへのように「何も言うまい」と考えておられるのではなく、愛と真実に満ちた神の言葉を伝えたいと願っておられるのです。それに耳を傾けましょう。

62

# 捨てられた石と隅の親石

マルコによる福音書12章1―12節

イエスは、たとえで彼らに話し始められた。「ある人がぶどう園を作り、垣を巡らし、搾り場を掘り、見張りのやぐらを立て、これを農夫たちに貸して旅に出た。収穫の時になったので、ぶどう園の収穫を受け取るために、僕を農夫たちのところへ送った。だが、農夫たちは、この僕を捕まえて袋だたきにし、何も持たせないで帰した。そこでまた、他の僕を送ったが、農夫たちはその頭を殴り、侮辱した。更に、もう一人を送ったが、今度は殺した。そのほかに多くの僕を送ったが、ある者は殴られ、ある者は殺された。まだ一人、愛する息子がいた。『わたしの息子なら敬ってくれるだろう』と言って、最後に息子を送った。農夫たちは話し合った。『これは跡取りだ。さあ、殺してしまおう。そうすれば、相続財産は我々のものになる。』そして、息子を捕まえて殺し、ぶどう園の外にほうり出してしまった。さて、このぶどう園の主人は、どうするだろうか。戻って来て農夫たちを殺し、ぶどう園をほかの人たちに与えるにちがいない。聖書にこう書いてあるのを読んだことがないのか。／『家を建てる者の捨てた石、／これが隅の親石となった。／これは、主がなさったことで、／わたしたちの目には不思議に見える。』」／彼らは、イエスが自分たちに当てつけてこのたとえを話されたと気づいたので、イエスを捕らえようとしたが、群衆を恐れた。それで、イエスをその場に残して立ち去った。

主イエスは多くのたとえを語られましたが、今日のたとえ話はその中でも最も激しいものであると言ってよいかもしれません。聞き手の「彼ら」とは、主イエスに権威の問題を問いかけた祭司長たちです（11・27参照）。ということは主はこのたとえによって彼らに厳しく迫っておられる、ということなのです。

このたとえは寓喩と呼ばれるもので、たとえに登場する事物が、現実の事物にそれぞれ対応するものとして語られています。まず「ある人」あるいは「ぶどう園の主人」は神を意味しています。そしてぶどう園はイスラエルの民のことです。イザヤ書5章7節に「イスラエルの家は万軍の主のぶどう畑、主が楽しんで植えられたのはユダの人々」と記されているとおりです。またそのぶどう園を主人によって任せられる農夫たちは、イスラエルの指導者たち、そして主人から収穫を得るために遣わされる僕たちは、神の預言者たちです。

主人は旅に出て、旅先からぶどうの収穫を求めるために僕たちを送りました。しかし農夫たちはその僕たちを次々に殺してしまったのです。ここでの収穫とは、イスラエルの人々が悔い改めて神のもとに立ち帰ったとの喜ばしい報告のことでした。しかし、それを聞くことができなかったことは、旧約時代の人々が神への信仰に生きることを拒否し続けたということです。主人は最後に愛する息子を送ります。この息子がイエス・キリストをさしているとしたら（そうなのですが）、ここから先は預言的なものとなります。すなわち、これから御子《みこ》イエスをめぐって起ころうとしていることが告げられているのです。農夫たちはこの息子も殺してしまいます。それゆえこの場合の農夫とは新約時代の権威者たちのことになります。こうしてぶどう園を自分たちのものにしようとする旧新約時代の人々の姿は、神なしに生きようとしている人間の姿を表しています。しかし主人はそれを見逃すことをせず、彼らの罪に厳しい裁きを下します。彼らを殺してぶどう園を取り返すのです。これがたとえのあらすじです。

これは何を意味しているのでしょうか。たとえでは農夫たちに対する主人の厳しい仕打ちがなされていますが、実際に御子イエス・キリストにおいて起こったことを思うときに、神は御子を十字架にかけることによって、他の者たちに対する裁きを回避する道をお選びになったということがわかります。神は御子の命を犠牲にして罪ある者たちの救いを実現されるのです。そのことが旧約聖書の引用「家を建てる者の捨てた石、これが隅の親石となった」（詩編118・22）で言い表されています。イスラエルの人々によって不用なものとして捨てられたイエス・キリストを、神は人々の命の礎石として用いられます。そのことが主イエス・キリストの十字架と復活をとおしてこれから現実のこととなります。

神に対するイスラエルの反逆の歴史は、わたしたち人類の、いやわたしたち一人ひとりの歴史でもあります。イスラエルと同じようにわたしたちも本質的には、神を拒絶するものとして生きています。しかしそのようなわたしたち罪人の救いのために神は、ひとり子をこの世に送って、わたしたちの罪からの立ち帰りを促し、そしてついには御子の十字架と復活をとおして開かれた新しい命の道へと召してくださいます。神は「イエス・キリストという親石の上にあなたの生を築き上げげなさい」とすべての人に呼びかけておられます。

63

# 皇帝のものは皇帝に、神のものは神に

マルコによる福音書12章13―17節

さて、人々は、イエスの言葉じりをとらえて陥れようとして、ファリサイ派やヘロデ派の人を数人イエスのところに遣わした。彼らは来て、イエスに言った。「先生、わたしたちは、あなたが真実な方で、だれをもはばからない方であることを知っています。人々を分け隔てせず、真理に基づいて神の道を教えておられるからです。ところで、皇帝に税金を納めるのは、律法に適っているでしょうか、適っていないでしょうか。納めるべきでしょうか、納めてはならないのでしょうか。」イエスは、彼らの下心を見抜いて言われた。「なぜ、わたしを試そうとするのか。デナリオン銀貨を持って来て見せなさい。」彼らがそれを持って来ると、イエスは、「これは、だれの肖像と銘か」と言われた。彼らが、「皇帝のものです」と言うと、イエスは言われた。「皇帝のものは皇帝に、神のものは神に返しなさい。」彼らは、イエスの答えに驚き入った。

この有名な言葉が主イエスの口から発せられたのは、神殿の境内においてでした。相手はファリサイ派とヘロデ派の人たちです。彼らは主を何とかして陥れようとして、一つの問いかけをしました。それは、当時イスラエルを支配していたローマの皇帝に対して、税金を納めるべきか否かという問いでした。

その問いに隠されている罠とは何でしょうか。それは、もし主イエスがローマに税金を納めるべきだと答えたとしたら、偶像を崇拝するローマ帝国に従うことになり、それは偶像崇拝を禁じる律法に違反することになる、ということで主を訴えることができると彼らは考えています。一方、税金を納めるべきではないと答えたとしたら、それはローマ帝国に抵抗したり反抗したりする態度ということで、主を当局に訴えることができるというものです。いずれの答えが出されたとしても、彼らは主を窮地に追いやることができると考えているのです。この問いは彼らの真剣な悩みから出たものではありませんでした。

主はその罠を初めから見抜いておられます。それで次のように応じられました。まず、納税のために用いるデナリオン銀貨を持って来るように命じられました。それにはローマ皇帝の像が刻まれています。人々はこれを用いてローマに税を納めます。次に主は「これはだれの肖像と銘か」と尋ねられました。彼らの答えははっきりしていて「皇帝のもの」と答えました。その銀貨には、皇帝の肖像と銘が刻まれていました。主は彼らの答えに対して「皇帝のものは皇帝に返しなさい」と言われました。つまりそれは単純に、当時の社会制度としての納税には従えと言われただけです。皇帝礼拝とか皇帝への尊崇の念をもてとまでは決して言っておられません。果たすべき社会制度における義務のレベルで語っておられます。律法違反に結びつくものではありません。

続いて主は「神のものは神に返しなさい」と言われました。これはどういうことでしょうか。神の像ともいうべきものは何に刻まれているのでしょうか。それに関してわたしたちが思い出すべきは、創世記1章27節の言葉です。そこにはこう記されています。「神はご自分にかたどって人を創造された」。この「神にかたどって造られている」ということを〈神の像〉と言います。つまり、神の像は人に刻まれているのです。ということは人は他の被造物とは異なって、特別に神と対話できるもの、神と心を交わすことができるもの、神のものとして造られたということです。人には神の命の息も吹き込まれました（創世2・7参照）。そのような人間は、自分自身を神に返さなければなりません。つまり、「心を尽くし、精神を尽くし、思いを尽くし、力を尽くして、あなたの神である主を愛しなさい」（マルコ12・30）という生き方に徹することが、自分自身を神に返すことです。そのことまで敵対者たちが理解することができたかは不明ですが、彼らはそれ以上主に対して何もすることができませんでした。

わたしたち人間における本来の〈神の像〉は、わたしたちの罪によって歪んでしまいました。しかし主イエスの贖《あがな》いによってそれは回復されたのです。わたしたちは再び神のものとされました。洗礼はそのしるしです。それゆえ、わたしたちは、主によって贖われたものとして、神の栄光を表すために生きることができるのです。

64

# 生きている者の神

マルコによる福音書12章18―27節

復活はないと言っているサドカイ派の人々が、イエスのところへ来て尋ねた。「先生、モーセはわたしたちのために書いています。『ある人の兄が死に、妻を後に残して子がない場合、その弟は兄嫁と結婚して、兄の跡継ぎをもうけねばならない』と。ところで、七人の兄弟がいました。長男が妻を迎えましたが、跡継ぎを残さないで死にました。次男がその女を妻にしましたが、跡継ぎを残さないで死に、三男も同様でした。こうして、七人とも跡継ぎを残しませんでした。最後にその女も死にました。復活の時、彼らが復活すると、その女はだれの妻になるのでしょうか。七人ともその女を妻にしたのです。」イエスは言われた。「あなたたちは聖書も神の力も知らないから、そんな思い違いをしているのではないか。死者の中から復活するときには、めとることも嫁ぐこともなく、天使のようになるのだ。死者が復活することについては、モーセの書の『柴』の個所で、神がモーセにどう言われたか、読んだことがないのか。『わたしはアブラハムの神、イサクの神、ヤコブの神である』とあるではないか。神は死んだ者の神ではなく、生きている者の神なのだ。あなたたちは大変な思い違いをしている。」

主イエスにはさまざまな人が論争を仕掛けていますが、本日のテキストではサドカイ派の人々が現れています。彼らは復活を否定することで知られているグループです。彼らは本当に悩み苦しんで主に問いかけているのではありません。主のあげ足を取ろうとしている彼らの意図は明らかです。その問いは、「ある女性が一人の男に嫁ぎ、子どもがいないまま夫が死んだ。このあと他の六人の兄弟にも次々嫁いだが、その兄弟たちも子どもがないままに亡くなった。最後にこの女性も死んだ。復活の時その女性は誰の妻となるのか」というものでした。実際にはほとんどありそうもない仮定の状況を設定して主を追い詰めようとしているのです。これは旧約聖書の「ある女性の夫が死に、子どもがいない場合は、女性はその兄弟に嫁がなければならない」（申命25・5参照）と規定されていることに基づいての問いです。イスラエルはそのようにして、その家の血を絶やさないようにしてきました。

主はそれに対してまず「あなたたちは聖書も神の力も知らない」、それゆえ神に関して「思い違い」をしていると厳しく責めておられます。それは神のなさることを人間の合理的な思考の枠内に押しとどめているということです。聖書は正しく理解されなければ力とならないだけでなく、却って危険なものとなってしまいます。そこで主が彼らに教えられたことの第一は、「死者の中から復活するときには、めとることも嫁ぐこともない」ということでした。ここで注目すべきことは、主が死者の復活があることを前提として語っておられることです。主は今はご自身の復活についてではなくて、神に結びついて死んだ者たちの復活について語っておられます。さらに、復活の時には、地上の人間関係の継続や再現が起こるのではなくて、人は全く新しい存在に変えられるということをも明らかにしておられます。パウロは人には地上の体と天に属する体とがあることを述べています。天に属する体に移された者は、天使のように地上の存在を超えた新しい存在に変えられる、それゆえ、地上の人間関係の単なる継続はないということなのです。そのことはわたしたちにとってがっかりしたり安心したりするようなことではなくて、復活の後のことに関してはもはや思い煩う必要はないとの平安へと導くものです。

主はさらに神がモーセに言われた「わたしはアブラハムの神、イサクの神、ヤコブの神である」（出エジプト3・6）を引用されました。これは神が「わたしはかつてアブラハムの神であったが、今もアブラハムの神である」と言っておられることとして主は引用しておられます。つまり、アブラハムはかつて生きていたが、今も神の前で生きているということとして、主はこの神の自己宣言の言葉を解釈しておられます。それは言い換えれば、アブラハムは復活していると語られているのと同じことです。そのことから主は次の印象深い言葉をお語りになります。「神は死んだ者の神ではなく、生きている者の神である」。これはわたしたちにどのように関わってくるのでしょうか。それはアブラハムの名を自分の名に置き換えて、神の自己宣言を理解してよいということです。主なる神は、わたしたちが生きているときにも、死んで新しい命に移されてからも、わたしたちの神であってくださるのです。それゆえわたしたちは死のあとのことについて何も思い煩う必要はないのです。

65

# 神への愛と人への愛

マルコによる福音書12章28―34節

彼らの議論を聞いていた一人の律法学者が進み出、イエスが立派にお答えになったのを見て、尋ねた。「あらゆる掟のうちで、どれが第一でしょうか。」イエスはお答えになった。「第一の掟は、これである。『イスラエルよ、聞け、わたしたちの神である主は、唯一の主である。心を尽くし、精神を尽くし、思いを尽くし、力を尽くして、あなたの神である主を愛しなさい。』第二の掟は、これである。『隣人を自分のように愛しなさい。』この二つにまさる掟はほかにない。」律法学者はイエスに言った。「先生、おっしゃるとおりです。『神は唯一である。ほかに神はない』とおっしゃったのは、本当です。そして、『心を尽くし、知恵を尽くし、力を尽くして神を愛し、また隣人を自分のように愛する』ということは、どんな焼き尽くす献げ物やいけにえよりも優れています。」イエスは律法学者が適切な答えをしたのを見て、「あなたは、神の国から遠くない」と言われた。もはや、あえて質問する者はなかった。

今日のテキストでは一人の律法学者が主の前に現れています。この人は、これまでの多くの人たちのように主イエスに対して対立的ではなく、逆に真剣に何かを教わろうとしています。彼の問いは、数多くある神の掟の中で何が第一の掟でしょうかというものでした。彼はそれを知って、自分の生の基盤としたいと願っているのです。主は彼の思いを即座に感じ取られました。そしていつものように質問者に問い返すことはなさらずに、正面から答えられます。

主のお答えは、「第一のものは、イスラエルの唯一の主であられる神を、心を尽くし、精神を尽くし、思いを尽くし、力を尽くして愛することである。そして第二のことは、隣人を自分のように愛することである」というものでした。つまり「神を愛すること」と「隣人を愛すること」の二つが、同じ神からの一つの掟として示されています。それらは別々の二つではなくて、切り離しえない同じ一つの掟の表と裏という関係のものである、と言われています。神を愛するとは、全人格を傾けて、神を讃美し、礼拝し、神に祈り、御心《みこころ》に全幅の信頼を寄せて生きることです。また、隣人を愛するとは、観念的なことや言葉だけのことではなく、自分自身を愛するときのように具体的で実践的な愛に生きることです。神への愛という水源から、人への愛という水流が生まれ出てくるのです。主イエスは、これこそが、唯一の神が人間に与えられた掟の中で中心的なものである、と教えられました。

それを聞いた律法学者はその教えに納得し、確信をもって受け入れています。彼の中でもやもやしていたものは今全く解消されて、生きることの目標と基盤がはっきりし、彼はこれから唯一の主なる神の僕として生きていくことができるに違いありません。そのような律法学者を見て主は、「あなたは、神の国から遠くない」と言われました。今後の人生において彼は、「あなたは神の国の一員である」と言われるまでに、神に近づくことができる者となるに違いありません。なぜなら彼の信仰をとおして、神の愛が彼に流れ込むからです。今日、わたしたちが共に生きている人々の中にも、主イエスによって「あなたは神の国から遠くない」と言われるような人々がきっといるに違いありません。わたしたちの目にはそれはわかりませんが、そのような人々が実際に神の国の一員とされるときが来るようにと祈り、日頃接する人々に福音を宣べ伝えることも、隣人への愛であることを思わせられます。

ところで、わたしたちは主が示された第一の掟と第二の掟に忠実に従って生きることができるのでしょうか。『ハイデルベルク教理問答』の第5問答では、「いいえ。なぜなら、わたしたちには生まれつき神と自分の隣人を憎む傾向があるからです」ときわめて明快で正直な指摘がなされています。ではどうしたらよいのでしょうか。それは主なる神が御子《みこ》イエスにおいて示してくださり、わたしたちに与えてくださったあの愛にふれ続ける以外にありません。そのとき、生まれながらのわたしたちには不可能であった神への愛と人への愛が、少しずつわたしたちのものとされるでしょう。愛は神からの賜物です。したがってそれはまず与えられなければ、自分のものとはなりません。「愛を与えてください」と祈るわたしたちに、神はそれに応えてきっと一人ひとりにふさわしい愛を与えてくださることでしょう。

66

# イエスはダビデの子か

マルコによる福音書12章35－37節

イエスは神殿の境内で教えていたとき、こう言われた。「どうして律法学者たちは、『メシアはダビデの子だ』と言うのか。ダビデ自身が聖霊を受けて言っている。／『主は、わたしの主にお告げになった。／「わたしの右の座に着きなさい。／わたしがあなたの敵を／あなたの足もとに屈服させるときまで」と。』／このようにダビデ自身がメシアを主と呼んでいるのに、どうしてメシアがダビデの子なのか。」大勢の群衆は、イエスの教えに喜んで耳を傾けた。

主イエス・キリストはどのような意味で救い主（メシア）であられるかをご自分から明らかにしようとしておられるのが、今日のテキストの内容です。詩編110編1節を引用してのお話しですが、決してわかりやすいものではありません。難しいというよりも複雑な文章構造を読み取り、その意味を考えることにいささか困難な面があるのです。しかし、ご一緒に考えてみましょう。

詩編110編は、ダビデの作であるという前提で主は話しておられます。次のように引用しておられます。「主は、わたしの主にお告げになった」(36節)。このときの最初の「主」は主なる神のこと、「わたし」はダビデ自身のこと、そして2番めの「主」は「救い主(メシア)」のことです。ここで主イエスは、ダビデがメシアに向かって「わたしの主」と言っていることに注目しておられます。主イエスは、新しく神から遣わされるメシアは、言い伝えられてきたように確かにダビデの子(子孫)としてこの世においでになる、しかしその「メシア」をダビデが「わたしの主」として崇めているのだから、メシアはダビデよりも優れた存在である、と語っておられます。わたしたちはその教えをそのまま受け入れましょう。

それによって主は何を語り、何を明らかにしようとしておられるのでしょうか。ダビデは政治的・軍事的に優れた王でした。その王に勝るメシアは、ダビデをはるかに超えたこの世的力をもって、イスラエルを異教の支配者から解放し、世界を支配するものとするということなのでしょうか。そうではありません。主はかつて次のように言われました。「あなたがたの中で偉くなりたい者は、皆に仕える者になりなさい。いちばん上になりたい者は、すべての人の僕になりなさい。人の子は仕えられるためではなく仕えるために、また、多くの人の身代金として自分の命を献げるために来たのである」(マルコ11・43―45)。人々の救いのために自分の命を投げ出すということにおいて、新しいメシアはダビデよりも優れているのです。ここで、そのメシアはご自分であるとは主イエスは語っておられませんが、暗にそれを示唆しておられます。間違いなく、ダビデのすえに生まれられた方、しかし力による征服ではなく、ご自分の命を身代わりとして差し出すことによって、罪の支配から人々を救い出されるメシア、それはダビデに勝る救い主の姿です。人々はやがてそのことを、主イエスの死と死からの復活によって、はっきりと示されることになりますが、主イエスは今は、暗示的に示しておられます。しかし、最終的にイスラエルの人々は、このようなメシアを受け入れることができず、主イエスを十字架の死へと追いやることになります。そのことによって、逆に主がダビデにまさるメシアであられることが明らかにされることになるのです。

わたしたちもイエス・キリストに対してさまざまに思い描くことがあります。しかし大事なことは、自分の思いの枠の中に主イエスを閉じ込めて、それしか受け入れないというのではなくて、聖書がはっきりと示している主イエスをそのまま救い主として受け入れる信仰に生きることです。「天が地を高く超えているように、わたしの思いは人の思いをはるかに超えている」（イザヤ55・9参照）と言われる主なる神と救い主イエス・キリストへの信仰を、主の日毎の礼拝をとおして聞く御言葉《みことば》によって研ぎ澄ませたいものです。

## 67

# 貧しいやもめの献金

マルコによる福音書12章38—44節

イエスは教えの中でこう言われた。「律法学者に気をつけなさい。彼らは、長い衣をまとって歩き回ることや、広場で挨拶されること、会堂では上席、宴会では上座に座ることを望み、また、やもめの家を食い物にし、見せかけの長い祈りをする。このような者たちは、人一倍厳しい裁きを受けることになる。」

イエスは賽銭箱の向かいに座って、群衆がそれに金を入れる様子を見ておられた。大勢の金持ちがたくさん入れていた。ところが、一人の貧しいやもめが来て、レプトン銅貨二枚、すなわち一クァドランスを入れた。イエスは、弟子たちを呼び寄せて言われた。「はっきり言っておく。この貧しいやもめは、賽銭箱に入れている人の中で、だれよりもたくさん入れた。皆は有り余る中から入れたが、この人は、乏しい中から自分の持っている物をすべて、生活費を全部入れたからである。」

教会の交わりにおいて「人を見るな、神のみを見つめよ」とよく言われます。信仰は神からくるものですから、それは当然のことです。しかし、信仰に生きている人を見ることによって益を得ることもありますし、逆にあのようであってはならないとの気づきを与えられることもあります。大事なことは、他者の中に何を見、他者の何に倣うかべきか、倣ってはならないかということです。

主は倣ってはならない例として、38－40節で、律法学者たちが人の関心を惹こうとして行う社会におけるふるまいや、自分の敬虔深いことを人に見せようとして長い祈りをすること、そして弱い立場のやもめを世話をしているように見せかけながら、それを食い物にすることなどを挙げておられます。そのような行為は後に続く者たちの手本にも目標にもなりません。

主はその指摘の後、弟子たちを神殿の賽銭箱が見える場所に連れて行き、そこでささげものをする人々の姿を見ることによって何かを教えようとしておられます。初めは金持ちたちの献金の様子が弟子たちの目に入りました。続いて、貧しいやもめが献金する様子も弟子たちは目撃しました。多くの人は、ささげる額を見ることによって、その人の信仰を判断するようなことをしがちです。しかし、そのことの過ちを主は今弟子たちに教えておられます。

金持ちたちはたくさんのささげものをしていました。しかし、それは「有り余る中から」（44節）ささげているにすぎないことを主は見抜いておられます。一方、同じ賽銭箱に入れていたやもめの献金は、レプトン銅貨二枚だけです。レプトンとは当時の貨幣単位の最小のものです。金持ちたちのささげものとは比べ物にならないほど小さなものです。しかしそれは彼女が「持っている物のすべて」「生活費の全部」でした。彼女は二枚の貨幣の一枚を手元に残すこともできたはずですが、そうはせずすべてをささげ切りました。主はそれをご存じでした。

このことから主はやもめが「だれよりもたくさん入れた」（43節）と言っておられます。主は表面に表れる金額だけを見て、多い・少ないということを判断しておられるのではありません。目に見えない心の内をご覧になって、それぞれがいかなる姿勢で神にささげものをしているか、さらに自分自身をどのようにささげようとしているかを判断しておられるのです。それをさし示すことによって主は、弟子たちが今、自分自身をいかなるものとして神にささげようとしているかを問うておられます。自分の側に、心・体・時間・働き・物質的なものなどの多くのものを留保しておいて、わずかなささげものによって満足していないかを問いかけておられます。弟子たちは貧しいやもめの神へのささげものの姿をとおして、信仰に生きるとはどうあることかを学び取る機会が与えられています。

さらに大切なことは主はここで、やもめが自分の側に何も残らないまでにささげつくすその姿の中に、数日後に十字架の上でご自分のすべてをささげつくされる主ご自身のあり方を弟子たちに予め示しておられるということです。主は生活費どころか、ご自分の命・存在のすべてをささげて、わたしたちの救いを勝ち取ってくださるのです。その主の十字架上での死によって、わたしたちは新しい命を約束されています。それゆえわたしたちも主に倣って、自分自身のすべてをささげつくして、主の証人として生きたいものです。

# 68

# 終末のしるし

マルコによる福音書13章1―8節

イエスが神殿の境内を出て行かれるとき、弟子の一人が言った。「先生、御覧ください。なんとすばらしい石、なんとすばらしい建物でしょう。」イエスは言われた。「これらの大きな建物を見ているのか。一つの石もここで崩されずに他の石の上に残ることはない。」

イエスがオリーブ山で神殿の方を向いて座っておられると、ペトロ、ヤコブ、ヨハネ、アンデレが、ひそかに尋ねた。「おっしゃってください。そのことはいつ起こるのですか。また、そのことがすべて実現するときには、どんな徴があるのですか。」イエスは話し始められた。「人に惑わされないように気をつけなさい。わたしの名を名乗る者が大勢現れ、『わたしがそれだ』と言って、多くの人を惑わすだろう。戦争の騒ぎや戦争のうわさを聞いても、慌ててはいけない。そういうことは起こるに決まっているが、まだ世の終わりではない。民は民に、国は国に敵対して立ち上がり、方々に地震があり、飢饉が起こる。これらは産みの苦しみの始まりである。

マルコによる福音書13章は「小黙示録」と呼ばれることがあります。黙示録とは、世の終わり（終末）に関する預言の文書のことですから、この章は終末のことが記されているということになります。終末のことを知るとは、単に終わりの時の事柄について知るということだけではなく、それを知ることによって、今の自分たちの生き方を考えるということに結びつかなければなりません。

弟子たちは今、エルサレム神殿の建物の素晴らしさに驚嘆しています。しかし主イエスは彼らに共鳴なさらずに、思いがけないことを話されます。それはこの神殿が壊されるときが来る、というものです。彼らの心は迫りつつある主イエスの死の時に向けられなければならないのに、その様子は少しも見られません。そのような弟子たちに対して主は、神殿の崩壊について預言されます。そのご意図は何なのでしょうか。

一つは、実際にこの神殿は、紀元70年にローマ軍によって破壊されるのですが、それを予言しておられるということが考えられます。人の手によるもので、永遠に輝き続けるものは何一つとしてないことを教えておられます。第二のことは、これまで神殿という建物を中心に築かれてきたユダヤ人の信仰は、儀式や儀礼を重んじるものでしたが、それに大きな変化がもたらされることの示唆があります。「霊と真理をもって父を礼拝する時が来る」（ヨハネ4・23）と言われたように、主の復活以後、神殿以外のどこででも父なる神への礼拝が可能であることを示すものとしての神殿崩壊の預言という要素もあるのです。

こうして主は新しい時の到来をさし示しながら、さらに根源的に新しい時としての終わりの時について続けて語っておられます。そのことに気がついた弟子たちは、不安そうに、あるいは興味深げに、「そのことはいつ起こるのですか」、また「そのときにはどんな徴があるのですか」と問うています（4節）。終末のことが語られるときの人々の大きな関心事の一つは、「いつ起こるのか」であり、もう一つは「どんなふうに起こるのか」です。それらよりももっと大事なことは、「それでは自分たちはどのように生きたらよいのでしょうか」という問いであるはずですが、弟子たちにはそれが決定的に欠けています。

それに対して主は「いつ起こるか」ということは、誰にもわからない、ただ天の父なる神だけがご存じであると言われます。「いつ」と問うよりも、いつその時が来てもよいような、御心《みこころ》に沿った生き方を追求することの方が大事なことなのです。それから、前兆として何が起こるか、どんなことが前もって起こるかについても、明確にはお答えになっていません。偽メシアの登場、戦争の勃発、自然災害などが生じても、それらが即終末ということではない、それらは産みの苦しみであって、その後どれくらいの時が経過するかはわからないと言っておられます。終わりの時はそれらの災いの後すぐに来るかもしれませんし、ずっと長い間来ないかもしれません。

わたしたちにとって死が免れられないように、終末も免れることはできません。必ずそれは来ます。「その時」の前の日々を今わたしたちは生きています。その時がいつ来てもよいように、常に再臨の主が目の前におられるかのように生きること、それがキリストを主と仰ぐ信仰者の終末的な生き方です。

## 69

# 最後まで耐え忍ぶ者

マルコによる福音書13章9―13節

あなたがたは自分のことに気をつけていなさい。あなたがたは地方法院に引き渡され、会堂で打ちたたかれる。また、わたしのために総督や王の前に立たされて、証しをすることになる。しかし、まず、福音があらゆる民に宣べ伝えられねばならない。引き渡され、連れて行かれるとき、何を言おうかと取り越し苦労をしてはならない。そのときには、教えられることを話せばよい。実は、話すのはあなたがたではなく、聖霊なのだ。兄弟は兄弟を、父は子を死に追いやり、子は親に反抗して殺すだろう。また、わたしの名のために、あなたがたはすべての人に憎まれる。しかし、最後まで耐え忍ぶ者は救われる。」

主イエスは終末のことについて弟子たちに教えておられます。その中で今は、弟子たちに限らず信仰者として生きる者たちに加えられる苦難や迫害について語っておられます。主がくり返し「わたしのために」とか「わたしの名のために」と述べておられることからもわかりますように、キリストに従う者はそのキリストへの信仰のゆえに、苦しみを避けることはできないのです。主ご自身が苦しみに遭われたように、信仰者も苦しみに遭います。

そのような苦しみや信仰者への弾圧には三つの種類があることを主は語っておられます。それは何でしょうか。

第一に「地方法院」とか「会堂」（９節）での裁きや罰が挙げられています。それは宗教的な面からの弾圧で、何を神として信じているかということが厳しく問われるのです。パウロもその信仰のゆえにユダヤ人から受けた鞭打ちの刑について述べています（コリント二11・24－25参照）。

第二は、「総督や王の前」（９節）での裁きが挙げられています。総督はローマの権力者、王はイスラエルの国の権力者ですから、彼らの「前」とは、政治的権力あるいは国家的権力がむき出しにされる場であると言えます。そこではキリスト者が国家にとって危険な存在であるかどうかが問われます。

そして第三は、「親、兄弟」（12節）による迫害です。家族関係の中であるいは肉親同士の間で、キリストへの信仰が激しくとがめられることがあるのです。

キリストへの信仰を貫こうとするとき、以前と表れ方は違っても、今日のキリスト者にも同じように迫害や弾圧は起こりえます。このことはわたしたちと関係のないことではありません。なぜそれを避けることができないのでしょうか。主はこう言われます。「まず、福音があらゆる民に伝えられねばならない」（10節）。御言葉《みことば》は伝道者による宣教活動によってのみ、人々の前に差し出されるのではありません。それぞれの時代の信仰者の苦しみや戦いという手段をとおしてでも福音は証しされ、信仰者の信じる神がいかなるお方であるかということが広く明らかにされます。それは神の宣教の一つの手段です。

しかしわたしたちはそのような苦しみに耐えられるのでしょうか。裁きの座で、わたしたちの主であるイエス・キリストを正しく証言することができるのでしょうか。自信はありません。しかし主は言われます。何を言おうか、どうふるまおうかと「取り越し苦労をしてはならない」（11節）。なぜならそのようなときに聖霊なる神が信仰者を助け、言葉と勇気を与えてくださるのだからと断言しておられます。聖霊は「弁護者」とも言われ、また「慰め主」とも言われる方です。その意味は、「かたわらにいてくださる方」ということです。

このことは何も裁判とか弾圧の場面だけのことではありません。あらゆるときに聖霊なる神はわたしたちのかたわらにいてくださり、わたしたちを助けてくださるのです。なんと慰めに満ちたことでしょうか。だからこそわたしたちは激しい困難と艱難の只中においてだけでなく、波乱に富んだ地上の生が終わる最後のときまで、信仰を投げ出さないで耐え忍ぶ者とされるのです。聖霊なる神がそうしてくださいます。それゆえわたしたちは「最後まで耐え忍ぶ者は救われる」（13節）との言葉を自分自身への神の約束として聞くことが許されているのです。

70

# 大きな苦難の予告

マルコによる福音書13章14―27節

「憎むべき破壊者が立ってはならない所に立つのを見たら――読者は悟れ――、そのとき、ユダヤにいる人々は山に逃げなさい。屋上にいる者は下に降りてはならない。家にある物を何か取り出そうとして中に入ってはならない。畑にいる者は、上着を取りに帰ってはならない。それらの日には、身重の女と乳飲み子を持つ女は不幸だ。このことが冬に起こらないように、祈りなさい。それらの日には、神が天地を造られた創造の初めから今までなく、今後も決してないほどの苦難が来るからである。主がその期間を縮めてくださらなければ、だれ一人救われない。しかし、主は御自分のものとして選んだ人たちのために、その期間を縮めてくださったのである。そのとき、『見よ、ここにメシアがいる』『見よ、あそこだ』と言う者がいても、信じてはならない。偽メシアや偽預言者が現れて、しるしや不思議な業を行い、できれば、選ばれた人たちを惑わそうとするからである。だから、あなたがたは気をつけていなさい。一切の事を前もって言っておく。」

「それらの日には、このような苦難の後、／太陽は暗くなり、／月は光を放たず、／星は空から落ち、／天体は揺り動かされる。／そのとき、人の子が大いなる力と栄光を帯びて雲に乗って来るのを、人々は見る。そのとき、人の子は天使たちを遣わし、地の果てから天の果てまで、彼によって選ばれた人たちを四方から呼び集める。」

黙示書を学ぶ上で大切なことが二つあります。その一つは、主イエスが終わりの時のことを教えておられた当時の人々は、終末がすぐにでも来るという緊迫した思いでこれに耳を傾けていたということです。それだけに、彼らは聞くことに真剣でした。二つめのことは、今日のわたしたちにとっては、「いつ」「どんなふうに」その時が来るのかに関心をもつことよりも、その時が必ず来るとの思いの中で、それに備えるために今の時をどのように生きることが神の御心《みこころ》に適っているかを、真剣に問いつつ生きることです。

さて14－23節には、特別な事態が生じたときのことが記されています。そこで言及されている「憎むべき破壊者」とは、紀元前170年頃にエルサレムに侵入してユダヤ人たちに異教の神を拝むように強制したシリアの王アンティオコス・エピファネスのことです。それはユダヤ人にとってはとてもつらい厳しい出来事でした。主はその恐るべき歴史的事件を思い起こさせながら、これから先も同じことが起こりうると予告しておられます。そのときには「戦え」と主は信仰者に命じておられません。むしろ「逃げよ」と命じておられます。なぜなのでしょうか。それは組織的・国家的な巨大な敵の力と戦うよりも、それから逃げることによって、とりあえず信仰を守れということなのです。主は信仰者の弱さや限界をご存じです。それを超えて戦えとは言われないのです。

さらに大切なことは、主ご自身がわたしたちに代わって戦ってくださるとの約束がここにあるということです。「この戦いをわたしに任せよ」、と主は言ってくださっています。この苦難が長引くことによって信仰から脱落するものが出ないように、主ご自身が戦ってくださって「その期間を縮めてくださる」のです。わたしたちはそれゆえに逃げながらでも、「祈りなさい」(18節)と命じられています。信仰からの脱落者が出ないように、また教会と自分自身の信仰が守られるように祈らなければなりません。

わたしたちの国においてもかつて天皇への崇敬がすべての人々に求められ、キリスト教会もその圧力に屈したことがありました。そのようなことが二度と起こらないとは誰も言えないのです。今日の教会は、国家に対する〈見張りの務め〉を果たしつつ、信じることの自由が再び侵されることがないように仕えなければなりません。

24節以下においては、「人の子」が登場します。主はダニエル書7章13節の「人の子」をそのまま用いて、ご自身の再臨の時のことについて語っておられます。そして主が再び来られたときには、「選ばれた人たち」(27節)を神のもとに集めてくださると語られています。父なる神を信じる信仰者は、自分が神を選んだのではなくて、神によって選ばれた者たちです(ヨハネ15・16)。信仰の主体は神にあります。それゆえ神はご自身が選ばれた人々を、信仰のゆえの苦難や迫害において守りとおしてくださり、終わりの時にもれなくご自身のもとに呼び集めてくださいます。神の選びの力と愛は、わたしたちを神から引き離そうとするいかなる力よりもはるかに大きいのです。それがわたしたちの確信であり、平安の源です。その確信と平安のもとで日々を誠実に生きることが、終末に備えた生き方であると言ってよいでしょう。

# 71 目を覚ましていなさい

マルコによる福音書13章28―37節

「いちじくの木から教えを学びなさい。枝が柔らかくなり、葉が伸びると、夏の近づいたことが分かる。それと同じように、あなたがたは、これらのことが起こるのを見たら、人の子が戸口に近づいていると悟りなさい。はっきり言っておく。これらのことがみな起こるまでは、この時代は決して滅びない。天地は滅びるが、わたしの言葉は決して滅びない。」

「その日、その時は、だれも知らない。天使たちも子も知らない。父だけがご存じである。気をつけて、目を覚ましていなさい。その時がいつなのか、あなたがたには分からないからである。それは、ちょうど、家を後に旅に出る人が、僕たちに仕事を割り当てて責任を持たせ、門番には目を覚ましているようにと、言いつけておくようなものだ。だから、目を覚ましていなさい。いつ家の主人が帰って来るのか、夕方か、夜中か、鶏の鳴くころか、明け方か、あなたがたには分からないからである。主人が突然帰って来て、あなたがたが眠っているのを見つけるかもしれない。あなたがたに言うことは、すべての人に言うのだ。目を覚ましていなさい。」

小黙示録と言われるマルコによる福音書13章の最後の部分には、二つの短い譬えが語られています。その一つは、28―30節で、「いちじくの木のたとえ」と呼ばれています。いちじくの木は落葉樹ですので、その葉の茂り方や枯れ方、そして落葉などによって、季節の移ろいを感じ取ることができます。たとえば枝が柔らかくなり芽を出し葉が伸び始めると、夏が近づいてきたことがわかります。葉の変化が時のしるしとなるのです。それとよく似て、これまでに主が述べられてきたさまざまな天変地異、戦争、偽メシアの登場などが起こったときには、「人の子が戸口に近づいていると悟りなさい」(29節)と言われています。すなわち、再臨の主がこの世界に来られる時が近いと悟りなさい、ということです。わたしたちが生きている今の時代は、まさしくそのようなことがくり返し起こっている時代です。ということは、主の再臨が明日にでも起こるとの緊張感をもって生きることがわたしたちに求められているということでしょう。わたしたちの感覚で「神の時」を推し量ることはできません。しかし時は縮まっているとの意識をもって主に従って生きることが大事です。

主イエスは格言風に「天地は滅びる」、しかし「わたしの言葉は決して滅びない」と語っておられます(31節)。終わりが来たとき、神の手によって造られたものはまったくその様相を新たにする、ということです。それがどのような事象となるのかは、わたしたちは想像することはできません。ただ滅びゆく「天地」の中にわたしたち人間も含まれていることは確かです。しかし、そのような人間が、滅びゆくことのない主の言葉に結びつくとき、滅びることなく、新しい存在へと変えられるのです。新しくされるとは、主の言葉が約束している罪の赦しや新しい命が付与されること、また神の国の一員とされることが実現することなどです。主が生きておられるからこそ、その約束も現実のこととなります。

もう一つの譬えに目を向けてみましょう。それは主人が僕《しもべ》たちに仕事を任せてしばらく旅に出るというものです。僕たちは、主人がいつ帰って来るかが告げられていないために、いつ主人が帰って来てもよいように、自分たちに任せられた務めに励み、成果を主人に差し出すことが求められます。そのときのあり方が、「目を覚ましていなさい」という言葉で言い表されています。それは、主人がいないからということで怠慢に陥ることなく、主人が目の前にいるかのように誠実に務めに励むことを意味します。そうした生き方を日々していれば、主人がいつ帰って来ても僕たちは慌てることはないのです。

それは今日のわたしたちにもそのまま当てはまります。教会も「目を覚ましていなさい」と呼びかけられています。それはどうすることでしょうか。今は〈教会の時〉と言われます。つまり、主が天に昇られてから終わりの時までの間は、教会がこの世に「滅びることのない主の言葉」を宣べ伝えることによって、この世を終末に備えさせなければならない時ということです。「全世界に行って、すべての造られたものに福音を宣べ伝えなさい」(16・15)。「それから、終わりが来る」(マタイ24・14)のです。滅びることのない御言葉《みことば》の宣教こそが、「目を覚ましている」ことの端的な姿です。それによって、神によって造られた人々が、滅び行くことがないものとされることに仕えることができるのです。

# 72

# 福音の香り――主に香油を注いだ女

マルコによる福音書14章1―9節

さて、過越祭と除酵祭の二日前になった。祭司長たちや律法学者たちは、なんとか計略を用いてイエスを捕らえて殺そうと考えていた。彼らは、「民衆が騒ぎだすといけないから、祭りの間はやめておこう」と言っていた。

イエスがベタニアで重い皮膚病の人シモンの家にいて、食事の席に着いておられたとき、一人の女が、純粋で非常に高価なナルドの香油の入った石膏の壺を持って来て、それを壊し、香油をイエスの頭に注ぎかけた。そこにいた人の何人かが、憤慨して互いに言った。「なぜ、こんなに香油を無駄遣いしたのか。この香油は三百デナリオン以上に売って、貧しい人々に施すことができたのに。」そして、彼女を厳しくとがめた。イエスは言われた。「するままにさせておきなさい。なぜ、この人を困らせるのか。わたしに良いことをしてくれたのだ。貧しい人々はいつもあなたがたと一緒にいるから、したいときに良いことをしてやれる。しかし、わたしはいつも一緒にいるわけではない。この人はできるかぎりのことをした。つまり、前もってわたしの体に香油を注ぎ、埋葬の準備をしてくれた。はっきり言っておく。世界中どこでも、福音が宣べ伝えられる所では、この人のしたことも記念として語り伝えられるだろう。」

終末に関する教えが終わって、エルサレムにおける主イエスをめぐる出来事に福音書の記述は移ります。14章の初めには、主イエスの死が差し迫ってくる中で起こった、良い香りを漂わせる一つの出来事が記されています。

時は「過越祭と除酵祭の二日前」（1節）と記されていることから、主イエスのエルサレムでの最後の週の金曜日の二日前、すなわち水曜日です。場所は、主イエスが宿を取っておられるマルタとマリアの姉妹の家があるベタニア村です。しかしこの出来事は彼女たちの家ではなくて、重い皮膚病が癒されたシモンという人の家で起こりました。主イエスの一行が食卓に着いておられたとき、一人の女性が予告なしにそこに入って来ていきなり、非常に高価なナルドの香油の入った壺を壊して、香油を主の頭に注ぎかけたのです。良い香りが部屋中に漂いました。その香油はお金に換算すると300デナリオン（5節）と言われていますから、当時の労働者の一年分の賃金に相当します。

そばにいた人たちはこの常軌を逸した行為を見て憤慨し、「その香油を売ってお金に換えて、それを貧しい人々に施す方がよほど良い」と言い張りました。もっともな考え方かもしれません。しかし、主はそれとはまったく異なる反応を示されました。主は、「彼女はわたしに良いことをしてくれた」と言われます。なぜなら「貧しい人たちは、これからもあなた方の近くにいる。彼らへの奉仕の機会はたくさんある。しかしわたしは間もなく十字架にかけられて死ぬことになっている。そのわたしに彼女は今、彼女にできる最大の奉仕をしてくれたのだから」

ということです。これはどういうことでしょうか。

イスラエルの国では、死者を墓に葬る場合、異臭や死臭を消すという目的で、死体に香油を塗る習慣があります。主イエスは2日後に十字架の上で死んで墓に葬られることになっています。それは主ご自身のみがご存じでした。そのように死んでいく主のために、この女性は前もって香油を注いで、葬りの備えをしてくれたのだ、と言っておられます。主はこの香油がご自分の頭に注がれることによって、いよいよご自分の死は神の定めとして避けられないことを自覚されたに違いありません。そういう意味で、彼女のこの行為は福音の前進に仕えることになったのです。彼女がそうしたことをはっきり意識していたかどうかはわかりません。しかし彼女は主のこれまでの言動によって、主の死が近いことを鋭く感じ取っていたことでしょう。そして今自分が主に対して行うことができることは何かを考えたときに、彼女の大切なものを主に差し上げるということに導かれたのです。それを主は高く評価されます。

わたしたちがこのことから教えられることは、どんなに小さなことでも、また他の人からどのように批判されることがあったとしても、「これが今、主イエスに対してわたしが行うことができるただ一つのことである」という真実の心をもって行うとき、主がそれを受け止めて、本人が考えている以上の意義をそれに与えてくださり、それを福音宣教のために用いてくださるに違いない、ということです。それは次に続く人々の新しい信仰の行為を生み、そのようにして福音は言葉によるだけでなく行いをとおしても展開されていきます。「自分にできる限りのことを、今する」ということの尊さを、この女性の行為からわたしたちは教えられます。

73

# 最後の晩餐の準備

マルコによる福音書14章10—21節（その一）

十二人の一人イスカリオテのユダは、イエスを引き渡そうとして、祭司長たちのところへ出かけて行った。彼らはそれを聞いて喜び、金を与える約束をした。そこでユダは、どうすれば折よくイエスを引き渡せるかとねらっていた。

除酵祭の第一日、すなわち過越の小羊を屠る日、弟子たちがイエスに、「過越の食事をなさるのに、どこへ行って用意いたしましょうか」と言った。そこで、イエスは次のように言って、二人の弟子を使いに出された。「都へ行きなさい。すると、水がめを運んでいる男に出会う。その人について行きなさい。その人が入って行く家の主人にはこう言いなさい。『先生が、「弟子たちと一緒に過越の食事をするわたしの部屋はどこか」と言っています。』すると、席が整って用意のできた二階の広間を見せてくれるから、そこにわたしたちのために準備をしておきなさい。」弟子たちは出かけて都に行ってみると、イエスが言われたとおりだったので、過越の食事を準備した。夕方になると、イエスは十二人と一緒にそこへ行かれた。一同が席に着いて食事をしているとき、イエスは言われた。「はっきり言っておくが、あなたがたのうちの一人で、わたしと一緒に食事をしている者が、わたしを裏切ろうとしている。」弟子たちは心を痛めて、「まさかわたしのことでは」と代わる代わる言い始めた。イエスは言われた。「十二人のうちの一人で、わたしと一緒に鉢に食べ物を浸している者がそれだ。人の子は、聖書に書いてあるとおりに、去って行く。だが、人の子を裏切るその者は不幸だ。生まれなかった方が、その者のためによかった。」

ベタニアのシモンの家で一人の女性から香油を注がれることによって、主イエスはその内面においていよいよご自身の死に対する意識と覚悟を確かなものとされました。一方、主の死を確かなものとすることは、外的なことにおいても進んでいました。それは十二弟子の一人であるイスカリオテのユダが、主に敵対する祭司長たちに主を引き渡す取引をしたことによってなされました。「引き渡す」という行為自体には善悪の要素はありません。しかし、誰を誰に引き渡すのか、何を誰に引き渡すのかによって、その行為の善悪が決定します。ユダの場合、自分の師であり主であるお方を、金と交換で敵対者たちに引き渡すことによって、それは「裏切り」の行為となるのです。

なぜユダは主を裏切ることになったのでしょうか。いろんな説があるのですが、確たる理由や動機は福音書の記述の中に見出すことはできません。諸説のいずれも推測の域を出ないのです。むしろユダの裏切りの要因は主イエスの側にある、と考えるべきではないでしょうか。それは、主が、弟子たちや人々が望み期待しているような救い主でないことがはっきりした、ということです。権威と力をもって支配する王の姿は主イエスの中には見られません。逆に人から仕えられるよりも、へりくだって僕《しもべ》のように人に仕えることを教え、自らそれを実践されるのが主イエスでした。それを見てきた弟子のユダは、自分なりに思い描いていたメシア像からかけはなれている主イエスによって裏切られたと思い、この方について行くことは無駄だと判断してしまったのです。ユダは主を見限ってしまいました。その結果、敵対者に手を貸す道に進んでいったと考えられます。

他の弟子たちも同じような思いをもっていたかもしれませんが、行動に出たのはユダ一人だけでした。このユダ的なものはわたしたちの心の内にも巣くっているかもしれないと思わされます。わたしたちは、〈わたしたちの内なるユダ〉と常に戦っていかなければならないのです。

さて、主の死の時が近づく中で、主は次の日、エルサレムで弟子たちと共に過越の食事をとられます。そのために用意された場所で、弟子たちは食事の準備をしています。過越の食事は、イスラエルの民がエジプトを脱出するとき、小羊の血が家の鴨居に塗られることによって神の使いに打たれずに助かり、無事エジプトから逃れることができたときの食事に由来するものです。主はご自身が十字架で、いけにえの小羊のように死に渡されることによって、人々が救われることになる神のご計画をご存じです。それが翌日起ころうとしています。

その死に先立って、主はこの食事において前もってご自身の死の意義を弟子たちに明らかにし、さらにそのことをこれからずっと記念するために、パンと杯を分かち合う式を執り行われたのでした。それが今日、教会が聖餐式として執り行っているものです。聖餐式は過越の食事にその一つの起源があることをわたしたちは心に刻み込みたいものです。この食事の主宰者は、わたしたちのために犠牲になられた主イエス・キリストです。主はわたしたちをこの食卓に招くことによって、わたしたちに信仰の本質をさし示し、さらにわたしたちの信仰の軌道修正と維持を図ろうとしておられます。誰もが洗礼をとおしてこの食卓に招かれています。この年、わたしたちの教会において新たに食卓を囲む人が興されることを祈りましょう。

74

# ユダの裏切りの予告

マルコによる福音書14章10―21節（その二）

過越の食事は主イエスが弟子たちと共に囲まれる最後の食事です。弟子たちはまだそのことに気がついていません。その席で主はいきなりこう言われました。「あなたがたの内の一人で、わたしと一緒に食事をしている者が、わたしを裏切ろうとしている」（18節）。それを聞いた弟子たちはそれぞれに「まさかわたしのことでは」と言っています。彼らの反応は「まさかわたしたちの中にそんな者がいるはずはありません」ではありませんでした。逆に、「それはもしかしたらわたしかもしれない」、という反応でした。

これはどういうことでしょうか。それは弟子たち皆が、主を裏切る者となるユダと同じような心をもっていたということを表しています。ユダの心は、先週も考えましたが、次のようなものでした。すなわち、ユダにとって主イエスは自分がもっているメシア（救い主）像から遠く離れたものであることがわかってきました。彼にとって主イエスは自分の命や存在をかけて従っていく価値のあるものではなくなっていたのです。つまり彼にとって不用なものとなりました。そのためユダは主に従う思いが失せて、少しでも自分の益になるために金と引き換えに、主を敵対者に引き渡す行為に走ったのです。

ユダは何を間違ったのでしょうか。それはユダはいつの間にか主の上に立つ者となって、主を裁いているということです。自分の判断が規準となっています。彼は主に「主よ、わたしはあなたのことがわからなくなりました。どうしたらよいのでしょうか」と問うべきでした。しかしそうはせずに、ユダは自分自身に「どうしようか」と問うています。そして自ら出した結論が、主を捨てるということでした。ユダが主を裁いているのです。他の弟子たちにもそれと同じような心があったに違いありません。それゆえに彼らの心は、主の言葉を聞いて騒いでいるのです。「心を痛めた」（19節）のも、裏切られる主に対してではなくて、自分や仲間がもしかすると裏切る者となるかもしれないということに対してでした。彼らの心は主の十字架の悲しみから遠く離れた所にあります。

そのことはここにいるわたしたち自身にも当てはまります。わたしたちも「主よ、まさかわたしのことでは」と言いかねない者たちです。わたしたちも弟子たちと同じような弱さと不信仰とを抱えもった者たちです。ユダはわたしたちと関係のない人物ではありません。わたしたちはいつでも「ユダ」になり得るものであることを弁えていなければなりません。主に対して歪みそうなそうした心が正されるのが、主が備えてくださった聖晩餐においてです。

主が裏切る者について語られた「生まれなかった方が、その者のためによかった」（21節）

との言葉は、わたしたちの心を鋭くえぐります。しかしこれは呪いの言葉ではありません。主の苦しみと悲しみの中からのユダに対する悔い改めを促す最後の言葉なのです。この言葉をもって主はユダに「わたしのもとに帰って来い」と呼びかけておられます。ぎりぎりまで待たれる主の姿がそこにあります。けれどもユダはそれによって心を変えることはありませんでした。そのユダも過越の食事になお加えられていることは、なんという主イエスの憐れみの大きさでしょうか。その憐れみの中でわたしたちも生かされているのです。

# 75 最後の晩餐と聖餐式

マルコによる福音書14章22―26節

一同が食事をしているとき、イエスはパンを取り、賛美の祈りを唱えて、それを裂き、弟子たちに与えて言われた。「取りなさい。これはわたしの体である。」また、杯を取り、感謝の祈りを唱えて、彼らにお渡しになった。彼らは皆その杯から飲んだ。そして、イエスは言われた。「これは、多くの人のために流されるわたしの血、契約の血である。はっきり言っておく。神の国で新たに飲むその日まで、ぶどうの実から作ったものを飲むことはもう決してあるまい。」一同は賛美の歌をうたってから、オリーブ山へ出かけた。

主イエスは過越の食事のさなかで、儀式的な食事の行為をなさいました。それは現在、わたしたちの教会が聖餐式として行っている式典の起源となったものです。この最初の式典に与《あずか》っている者たちは、主イエスをいろんな意味で裏切る弟子たちです。だからこそ、彼らはこの式典の意味を正しく知り、今後それを守り続けることによって、くり返し主のもとに帰らなければならないのです。そのことは今日のわたしたちにおいても同じです。

主はまず一つのパンを取り、そして讃美の祈りをささげられました。次にそれを裂き、弟子たち一人ひとりに分け与えられました。そのとき語られた言葉は、「取りなさい。これはわたしの体である」というものでした。今弟子たちの目の前で裂かれ、分け与えられているパンは、十字架上で切り裂かれる主イエスの体を表しているということです。それを手に取り、口にし、食するということは、主の死を、多くの人々のための死としてだけではなくて、このわたしの罪の赦しのための死として信じるということです。さらに少し神秘的な表現になりますが、それは主ご自身の命を自分の体の中に取り入れることをも意味しています。今後パンを食するたびにキリストによって生かされている自分であることを確信するだけでなく、事実そのことが起こるのです。

使徒パウロは次のように述べています。「生きているのはもはやわたしではありません。キリストがわたしの内に生きておられるのです」（ガラテヤ2・20）。

聖餐式のパンはわたしたちをくり返し、その信仰に立ち帰らせるものです。

主は続いて赤いぶどう酒の入った杯を取ってこう言われました。「これは、多くの人のために流されるわたしの血、契約の血である」。まず、「契約の血」ということについて考えてみましょう。旧約の時代、契約が交わされるときには小羊などが裂かれて血が流されました。それは、契約を交わすものどうしが命をかけた約束をしていることのしるしでした。主は十字架上で血を流されました。それは神からの罪の赦しと新しい命が人に与えられるために、そのしるしとしての血が流されたということです。主イエスの血の代価が支払われることによって、神からの大いなる恵みが罪人のために引き出されたのです。したがってこの杯を口にするとき、わたしたちは主イエスの死を偲びつつ、わたしたちも命をかけて神の御心《みこころ》に従って生きようとの新たな誓いへと導かれます。パンと杯、体と血は、二つに分けて語られていますが、結局、根拠としているもの、めざしているものは同じであることがわかります。

主は「多くの人のために流されるわたしの血」とも言われました。それは主の血は、今まさに杯を口にしている者のために流されたものであると同時に、その人以外の他のすべての人々のためにも流された、ということを意味しています。パンが裂かれたことも同じ意味をもっていました。聖餐に与る者はまず、徹底して主の死を自分のためのものとして受け止めることが大切ですが、それに留まらず、次に立ち上がってこの恵みの食卓にさらに多くの人々が加えられることを願って、教会から遣わされる者とならなければなりません。パンと杯がわたしのところで止まってしまってはいけないのです。この食卓につくことは、すべての人に対する主の恵みの命令であり、新しい命への招きなのです。

# 76 ペトロの離反予告

マルコによる福音書14章27―31節

イエスは弟子たちに言われた。「あなたがたは皆わたしにつまずく。／『わたしは羊飼いを打つ。／すると、羊は散ってしまう』／と書いてあるからだ。しかし、わたしは復活した後、あなたがたより先にガリラヤへ行く。」するとペトロが、「たとえ、みんながつまずいても、わたしはつまずきません」と言った。イエスは言われた。「はっきり言っておくが、あなたは、今日、今夜、鶏が二度鳴く前に、三度わたしのことを知らないと言うだろう。」ペトロは力を込めて言い張った。「たとえ、御一緒に死なねばならなくなっても、あなたのことを知らないなどとは決して申しません。」皆の者も同じように言った。

主イエスと弟子たちは過越の食事を終えた後、オリーブ山に向かいました（26節）。そこにはゲツセマネという園があって、そこで祈るためでした。途中で主はいきなり「あなたがたはみなわたしにつまずく」と言われました。主の身にこれから起こる一連の出来事――逮捕、裁判、屈辱、十字架など――が、ますます主の弱さや貧しさや惨めさを際立たせることにな

る、そしてそれに対して弟子たちはもはや主イエスについて行けないとの思いをもって主から離れて行く、と予告しておられるのです。弟子たちの主に対する信頼と希望はこの後一気にしぼんでしまうということが、主によって告げられています。

しかも主は、それらのことは偶然のことではなく、旧約聖書にも預言されていたこととして、ゼカリヤ書13章7節の言葉を引用しておられます。「わたしは羊飼いを打つ。すると、羊は散ってしまう」がそれです。主は、その預言の引用によってご自分の死は神の救いのご計画の中にあることを示しておられるのです。

主の言葉に弟子たちはどのように反応したでしょうか。まずペトロが反応して、「たとえ、みんながつまずいても、わたしはつまずきません」と言いました。彼は、最後の晩餐の席で主が「あなたがたのうちの一人がわたしを裏切ろうとしている」と言われたとき、「そんなことはいたしません」と言うことができませんでした。しかし今は、はっきりと汚名挽回とばかりに「自分は決して主を裏切らない」と断言しています。しかし主はそれに続いて、さらに具体的にペトロのこれからのつまずきや裏切りの行為を明らかにされます。「今夜、鶏が二度鳴く前に、ペトロは主イエスのことを、三度知らないという」とまで言われました。主は彼の心の内を見通しでした。けれどもペトロは今回は引き下がりません。続けてこう言います。「たとえ主とご一緒に死なねばならなくても、あなたのことを知らないなどとは決して口にしません」。ここまで言って大丈夫だろうかと思わせられるようなペトロの言葉です。

何とペトロの言葉は力強いことでしょうか。何とペトロは頼もしい弟子でしょうか。しかし同時に何と彼の言葉は軽いことでしょうか。彼は自分が口にしていることの意味がわかっているのでしょうか。確かに彼の言葉は、彼のそのときの真実の言葉、心から出てくるものであったのでしょう。しかしそれは自分の力の限界を知らない者の無謀な言葉でした。そのような言葉や力は、彼よりも少し強い者に出くわすと、もろくも崩れてしまうのです。わたしたちの弱さの中に、主の力が、そして主ご自身が入って来てくださらなければ、わたしたちはどのような力にも対抗することはできません。主の力がわたしを支えてくださるときにこそ、わたしは強い者とされます。パウロが語る「わたしは弱いときにこそ強い」（コリント二12・10）との言葉は、主との関係の中での真理です。

主はこのようなつまずくことばかりの弟子たちを冷たく突き放されることはありません。主は「わたしは復活した後、あなたがたより先にガリラヤへ行く」（28節）と言っておられます。そこで弟子たちの再結集が行われるのです。それは裏切る弟子たちへの主の赦しの宣言でもあります。彼らには再出発のときがもう備えられているのです。つまずき多いわたしたちに対しても主は、「礼拝で会おう」とくり返し言ってくださっています。

77

# ゲッセマネでの主イエスの祈り

マルコによる福音書14章32―42節（その一）

一同がゲッセマネという所に来ると、イエスは弟子たちに、「わたしが祈っている間、ここに座っていなさい」と言われた。そして、ペトロ、ヤコブ、ヨハネを伴われたが、イエスはひどく恐れてもだえ始め、彼らに言われた。「わたしは死ぬばかりに悲しい。ここを離れず、目を覚ましていなさい。」少し進んで行って地面にひれ伏し、できることなら、この苦しみの時が自分から過ぎ去るようにと祈り、こう言われた。「アッバ、父よ、あなたは何でもおできになります。この杯をわたしから取りのけてください。しかし、わたしが願うことではなく、御心に適うことが行われますように。」それから、戻って御覧になると、弟子たちは眠っていたので、ペトロに言われた。「シモン、眠っているのか。わずか一時も目を覚ましていられなかったのか。誘惑に陥らぬよう、目を覚まして祈っていなさい。心は燃えても、肉体は弱い。」更に、向こうへ行って、同じ言葉で祈られた。再び戻って御覧になると、弟子たちは眠っていた。ひどく眠かったのである。彼らは、イエスにどう言えばよいのか、分からなかった。イエスは三度目に戻って来て言われた。「あなたがたはまだ眠っている。休んでいる。もうこれでいい。時が来た。人の子は罪人たちの手に引き渡される。立て、行こう。見よ、わたしを裏切る者が来た。」

主イエスの一行はゲツセマネの園に着きました。そして主はペトロ、ヤコブ、ヨハネの三人の弟子だけを連れて、さらに奥へと進んで行かれました。この三人の弟子はこれまでも主によって特別な場所へと伴われることがありました。一つは5章35節以下において、会堂長ヤイロの娘が死から命へと移される場面です。それは主イエスの神的力が表された出来事でした。また9章2節以下において、山の上で主のお姿が変貌するときにも、そこにいた弟子はこの三人だけでした。主は彼らに特別な訓練を与えておられるのです。これらは、一つは主が死を命に移されるお方であることの証人として、もひとつは主が神との特別な交わりの中に生きておられることの証人として、彼らは目撃者の務めを与えられたものでした。それらはいずれも、御子《みこ》イエスの《神性》（真の神であること）があらわにされた場面でした。しかし今回の祈りの場面では、主イエスは死を前にして恐れおののく姿を弟子たちの前で表しておられます。それは御子イエスの《人性》（真の人であること）があらわにされた場面でした。三人の弟子たちは人としてのイエスを目撃することを求められています。

こうして、わたしたちが「日本キリスト教会信仰の告白」の冒頭で、「神のひとり子イエス・キリストは、真の神であり真の人である」と告白していることの証人として、三人は用いられているのです。

主は今苦しんでおられます。何を苦しんでおられるのでしょうか。二つの点から考えることができます。一つは、主はご自身の死の意義を苦しみつつ問うておられるということです。敵対者たちは、主を何とかして十字架の死へと追いやろうとしています。その最終段階に来ています。主はできればそれを避けたいと考えておられます。一方、父なる神も御子イエスが十字架上で罪人に代わって死ぬことを求めておられます。神の決定には従わなければなりません。これら相反する力が、どちらもイエスを死へと追いやろうとしている、これは一体どういうことなのかと主は神に問うておられるのです。そのことが一つです。

他の一つは、主イエスは死を前にして、実際に死の苦しみと恐怖を体験しておられるということです。それを罪人との《連帯》と呼ぶ人もいます。宣教の初めに主は洗礼を受けられました。それも人間と共に歩もうとする連帯を表すものでした。そして今は、地上の最後の場面で死の苦しみを自ら味合うことにおいて、わたしたち人間と連帯してくださっています。わたしたちが死ぬとき、そこにも主が伴ってくださっていることのしるしがここにあります。

そのようにして苦しみつつ祈る主イエスは、最終的には「わたしが願うことではなく、御心《みこころ》に適うことが行われますように」と、すべてのことを神にお委ねになりました。ご自分の思いをすべて神にぶちまけながら、最後には父なる神にすべてを委ねておられる御子の姿がそこにあります。神への絶対的な信頼に立って、御心のままに進んで行く決心を与えられた主は、「立て、行こう」と立ち上がられました。父なる神への真剣な祈りが、御子の決断と行動の源となっていることを教えられます。わたしたちもこのように御心を捉えて「行こう」という決断と行動が生まれるまで、徹底して神に祈ることが求められています。祈りは神との一対一の真剣な対話と対決の時です。

78

# 眠り込む主イエスの弟子たち

マルコによる福音書14章32－42節（その二）

地面にひれ伏して祈られる主イエスのそばに、選ばれた三人の弟子たちの眠り込む姿が描かれています。彼らは主によって、「目を覚まして祈っていなさい」と命じられたにもかかわらず、主が少し離れた所に行かれたときには眠り込んでしまっています。それが3回もくり返されました。この事実は弟子たちにとって恥ずべきことであり、できれば隠しておきたいことであるはずです。しかしマルコによる福音書の編集者は、それを隠すことなくありのままに記述しています。その狙いはいったい何なのでしょうか。

一つは、弟子たちに代表される人間の弱さや頼りなさをありのままに描くことによって、人間の現実を明らかにしようとしている、ということです。人は他者の苦しみを前にしても、眠りこけてしまう存在なのです。そして他の一つは、主はそのような弱さを抱えた弟子たちを、激しく叱責したり退けたりはなさらずに、赦し愛されるお方であることが示されています。主の慈しみの大きさを明らかにし、それと同じように大きな愛と憐れみがこの弟子たちの後に続く者たちにも注がれるということを教える目的もあるはずです。わたしたちに対しても主は同じように臨んでくださっています。

主はそのような弱さを抱えた弟子たちのことを、「心は燃えていても、肉体は弱い」（38節）と言っておられます。これはどういうことでしょうか。人には、肉体とは別に、神の言葉を理解したり、御心《みこころ》に応答することができる働きをもった部分が備えられています。聖書はそれを「心」とか「霊」と言っています。その部分で、弟子たちは真実に、そして必死に神に応答しようとします。「心は燃えている」のです。しかし、それとは別の部分、すなわち弱い肉体がそれに伴いません。そのために、神の前で誓ったことと現実の自分とが異なるものとなってしまっています。使徒パウロもそれで苦しみました（ローマ7・7以下）。パウロとともに、わたしたちも「わたしはなんと惨めな人間なのでしょう」（ローマ7・24）と嘆くほかない者たちであることを覚えさせられます。

主はそのような人間の弱さをご存じです。それゆえ弱いわたしたちにキリストご自身の霊を注いでくださり、その霊のもとで強く生きることができるようにしてくださいます（ローマ8・9参照）。そのような「キリストの霊」あるいは「神の霊」を受けることができるのは、祈りによります。人は祈りの戦いを抜きにして、霊的に生きることはできません。祈りをとおしてキリストの霊を受けることによって、わたしたちは自分の弱さや頼りなさを乗り越えて、いくらかでも御心に沿った生き方ができるものとされるのです。

主は最後に、「もうこれでいい。時が来た。……立て、行こう」と言って、ゲッセマネでの祈りを終えられました。主は御心を捉えることがおできになりました。神のお考えに対して確信を持つことがおできになりました。だからこそ、十字架の道へと恐れることなく進んで行かれるのです。

弟子たちは、眠い目をこすりながらでも、またよろける足を引きずりながらでも、主イエスについて行かなければなりません。そしてこれから主の身に起こることを目を開いて見なければなりません。そのようにして彼らは、主の十字架の目撃者、主の復活の証人としての道を歩いて行くのです。

# 79 ユダの裏切りと主の逮捕

マルコによる福音書14章43―52節

さて、イエスがまだ話しておられると、十二人の一人であるユダが進み寄って来た。祭司長、律法学者、長老たちの遣わした群衆も、剣や棒を持って一緒に来た。イエスを裏切ろうとしていたユダは、「わたしが接吻するのが、その人だ。捕まえて、逃がさないように連れて行け」と、前もって合図を決めていた。ユダはやって来るとすぐに、イエスに近寄り、「先生」と言って接吻した。人々は、イエスに手をかけて捕らえた。居合わせた人々のうちのある者が、剣を抜いて大祭司の手下に打ってかかり、片方の耳を切り落とした。そこで、イエスは彼らに言われた。「まるで強盗にでも向かうように、剣や棒を持って捕らえに来たのか。わたしは毎日、神殿の境内で一緒にいて教えていたのに、あなたたちはわたしを捕らえなかった。しかし、これは聖書の言葉が実現するためである。」弟子たちは皆、イエスを見捨てて逃げてしまった。

一人の若者が、素肌に亜麻布をまとってイエスについて来ていた。人々が捕らえようとすると、亜麻布を捨てて裸で逃げてしまった。

ゲツセマネでの祈りを終えられた主イエスを待ち受けていたのは、主の敵対者たちでした。

彼らはエルサレムの権威者たちから送り込りこまれた「武装集団」でした。しかもその先頭に十二弟子の一人であるイスカリオテのユダがいて、彼らを率いています。

ユダはここでもなお「十二人の一人」と言われています。それはどういうことでしょうか。二つのことを考えることができます。その一つは、この時点でもなお彼に対する主の愛は消えていないことが示唆されている、ということです。主の愛に応えることができず、逆に主に敵意をいだいてしまったユダですが、しかし彼に対する主の愛は冷めてはいません。ユダは今も主によって選ばれた十二人の一人なのです。そのことがこの表現に反映されています。

もう一つの点は、十二弟子の一人であるユダが主を裏切ってしまったことは、他の弟子たちも同じ過ちを犯す可能性をもった者たちである、ということが暗示されています。主は先に「あなたがたは皆、わたしにつまずく」(14・2)と言われました。ユダは特別に罪深い人間ではなく、他の弟子たちも「同じ穴のむじな」です。わたしたちも同じです。ということは、わたしたちも罪深さの中で、消えることのない愛を主から受けているということになります。

さてユダは主を捕らえようとしている人々とあらかじめ一つの打ち合わせをしていました。それは彼が接吻する相手が主イエスだ、という合図です。ユダは主に近寄って「先生」と言い、接吻をしました。「先生」という呼びかけも、接吻も、親しい者の間で交わされる日常的な挨拶です。ユダの裏切り行為は、特別な行動をとおしてではなく、日常のふるまいをとおしてなされました。主を裏切るということは、主を敵対者に「引き渡す」ことです。日常の行いの中で、主を敵に引き渡すことがなされています。そのような行為は、もしかするとわたししたちも、無意識の内に日常的に行っているかもしれません。一瞬の脇見運転が大事故につながることがあるように、わたしたちが主から目や心を離したときに、信仰における重大な事故が起こり得るのです。そのように主から離れることもある目と心をもった弱いわたしたちを主の方へと引き戻すために、主の日の礼拝がわたしたちに備えられています。それは主なる神の大いなる憐れみのしるしです。

ところで、主が捕らえられるのを阻もうとして、おそらく弟子の中の一人が剣を抜いて敵に向かうということも起こっています。しかし彼も最終的には、他の弟子たちと共に主のもとから逃げています。彼の勇気は偽物でした。

主はそういう中で、「これは聖書の言葉が実現するためである」と言われて、敵から逃げることもなさらずに、捕らえられました。この主の言葉は、言い換えれば、「聖書の言葉は成就されねばならない」（口語訳）となります。つまり、主はご自身の十字架を、神の御心《みこころ》に従うこと、神の救いのご計画の実現のために避けてはならないこととして受け止めておられることを表しています。「主はユダの中に敵意を見ず、かえって父なる神の命令を見ておられる」（パスカル）ということです。この御子《みこ》イエスの敬虔なお姿は、あのゲツセマネの祈りにおいてすでに表されていました。祈りは御心を知るときであり、また神との結びつきが強められるときでもあることを強く教えられます。

80

# 主イエスの受けた裁判

マルコによる福音書14章53―65節（その一）

人々は、イエスを大祭司のところへ連れて行った。祭司長、長老、律法学者たちが皆、集まって来た。ペトロは遠く離れてイエスに従い、大祭司の屋敷の中庭まで入って、下役たちと一緒に座って、火にあたっていた。祭司長たちと最高法院の全員は、死刑にするためイエスにとって不利な証言を求めたが、得られなかった。多くの者がイエスに不利な偽証をしたが、その証言は食い違っていたからである。すると、数人の者が立ち上がって、イエスに不利な偽証をした。「この男が、『わたしは人間の手で造ったこの神殿を打ち倒し、三日あれば、手で造らない別の神殿を建ててみせる』と言うのを、わたしたちは聞きました。」しかし、この場合も、彼らの証言は食い違った。そこで、大祭司は立ち上がり、真ん中に進み出て、イエスに尋ねた。「何も答えないのか、この者たちがお前に不利な証言をしているが、どうなのか。」しかし、イエスは黙り続け何もお答えにならなかった。そこで、重ねて大祭司は尋ね、「お前はほむべき方の子、メシアなのか」と言った。イエスは言われた。／「そうです。／あなたたちは、人の子が全能の神の右に座り、／天の雲に囲まれて来るのを見る。」／大祭司は、衣を引き裂きながら言った。「これでもまだ証人が必要だろうか。諸君は冒瀆の言葉を聞いた。どう考えるか。」一同は、死刑にすべ

きだと決議した。それから、ある者はイエスに唾を吐きかけ、目隠しをしてこぶしで殴りつけ、「言い当ててみろ」と言い始めた。また、下役たちは、イエスを平手で打った。

主イエスは捕らえられて大祭司カイアファの屋敷に連れて行かれました。そこで主に対する裁判が行われるのです。この場面を2回に分けて学びましょう。今、人間が神の子を裁くことがなされようとしています。はたしてそのようなことが可能なのでしょうか。裁きにおいては正義や公正の感覚、法や人間に対する正しい理解、そして何よりも裁く者自身が限界をもったものであるとの認識による謙虚さや、絶対的な存在者に対する畏れが必要です。今主イエスを裁こうとしている人々にそれはあるのでしょうか。

主イエスの裁判を行おうとしている人々は、どういう人たちでしょうか。祭司長、長老、律法学者、そして裁判長の役割をもった大祭司など、エルサレムの七十人議会を構成する最高法院の面々の名が挙げられています。この裁判は、夜が明ける前に大祭司の屋敷で密かに行われています。彼らがその裁判を急いでいることがそのことに表されています。しかも、先に「イエスは死刑」という判決が出されているに等しい裁判が、形式的に行われているのです。

その屋敷の中庭に、弟子ペトロが忍び込んでいました。主が捕らえられたときいったん逃げ去った彼が（50節参照）、再び主の近くに戻って来ています。「わたしはつまずきません」と豪語したその言葉にいくらかでも忠実であろうとしているのかもしれません。彼は主の裁判においては何の力も発揮することはできませんが、弱さを抱えながらでも何とか主への服従の道を探っているペトロの姿に、心打たれるものを感じる人もいることでしょう。

裁判では、「死刑にするためイエスにとって不利な証言を求めた」（55節）と記されているとおり、結論が先にある裁判において、その結論に合致する証言を、聖書の定めどおりに（申命19・15参照）二人以上の者から求めたのです。しかしそれはうまくいきませんでした。このことは、神の子を罪ある人間が裁くことの無謀さや限界とともに、判決が先に出された裁判が神の前に通用しないということを明らかにしています。しかし、彼らはついに力ずくで、この裁判の判決を自分たちが考えているとおりに出してしまうのです。そのことについては来週ご一緒に考えます。

ところで、わたしたちは今日を生きるキリスト者として、主イエスを証言する責任と務めを負っています。「イエスは主なり」「主はよみがえられた」と証言し告白することが、偽りの多いこの社会という法廷でわたしたちに求められています。それぞれのキリスト者が懸命にその務めを果たそうとしています。しかしもし、そのようなキリスト者の証言が、互に食い違ったものであるならば、人々は混乱してしまうでしょう。それでは力にはなりません。そういうことが起こらないように、わたしたちの信仰告白や証しの言葉は、くり返し生ける御言葉《みことば》にふれることによって、真実なものとされなければなりません。それは、霊の戦いをするためには礼拝に連なることによって「神の武具」（エフェソ6・11、13）を身に着けて、整えられることが必要だということです。この世の支配と権威とに対抗できるものは、生ける神の言葉と聖霊の力しかありません。

# 81

# 主イエスへの死刑判決

## マルコによる福音書14章53―65節（その二）

主イエスに対する裁判が進められていますが、議員たちから決め手となる証言が得られないでいます。そこで裁判長である大祭司が自ら主イエスに尋問しています。それは「お前はほむべき方の子、メシアなのか」というものでした。「ほむべき方」というのは、天の父なる神のことであり、「メシア」とは旧約聖書の時代からユダヤの人々が待ち望んでいた救い主のことです。大祭司は、無言を貫いてきた主イエスであっても、この問いには答えざるをえないに違いないという思いを込めて尋問しています。その問いは信じようとする思いから出たものではなく、嘲りや罠が秘められているものでした。

この尋問に対して主は初めて口を開かれます。これは主にとって沈黙することを許されない問いであり、またすべての人が主ご自身からその答え聞くべき主の自己宣言を求める問いかけです。主はその問いを避けられません。次のように答えられました。「そうです」（62節）。口語訳聖書では、「わたしがそれである」と訳されていました。大祭司の問いかけをそのまま肯定しておられるのです。そこには一点の曇りもありません。それに付け加えて主は、旧約聖書ダニエル書7章における終わりの時の「人の子」の来臨の預言を引用して、ご自身においてそれが成就している、とも告げておられます。この「人の子」の来臨の預言も、ユダヤの人々にとってはよく知られていたもので、彼らが待ち望んでいたことでした。主はそれによっても自己を宣言しておられます。

主イエスに「あなたは神の子ですか」と問い、「メシアですか」と問う者は、「そうである」との答えが主から返ってきたとき、それに従う者でなければなりません。主に問う者は、与えられる主からの答えに沿った生き方をするとの決断をもって問わなければなりません。いい加減な問いと応答は、主の前では許されないのです。

大祭司はどうしたでしょうか。彼は主イエスの答えを、主イエスが何者であるかを示す決定的な証言としては受け取らずに、逆に神に対する決定的な冒瀆の言葉として受け取りました(64節)。そしてこれ以上の証言を議員たちに求めず、主に対する判決のみを問いました。そして議員たちが一斉に「死刑だ」と叫ぶことによって、主イエスに対しての死刑判決が決定したのです。大祭司の狙いどおりの筋書きでした。その後人々は、主をなぶりものにしました。神を冒瀆することが死に値するのであれば、今、神の子イエスを辱めている人々もそれによって神を冒瀆していることになるのですから、彼らも死に値するものとなるということです。しかし悲しいことに、彼らはそのことに全く気がついていません。人間の罪の闇の深さを思わされます。そのような罪人たちのために、主はその罪を負って十字架につけられるのです。

わたしたちは、不当な裁判の席においてではありますが、主の口から、ご自身が何者であるかの証言の言葉を聞くことが許されました。わたしたちにとっても主イエスに関してこれ以上の証言は必要はありません。あとは、それを聞いたわたしたちの応答が求められるだけです。「立て、行こう」の応答のみがふさわしいものであることを思わされます。

82

# イエスを知らないと言うペトロ

マルコによる福音書14章66－72節

ペトロが下の中庭にいたとき、大祭司に仕える女中の一人が来て、ペトロが火にあたっているのを目にすると、じっと見つめて言った。「あなたも、あのナザレのイエスと一緒にいた。」しかし、ペトロは打ち消して、「あなたが何のことを言っているのか、わたしには分からないし、見当もつかない」と言った。そして、出口の方へ出て行くと、鶏が鳴いた。女中はペトロを見て、周りの人々に、「この人は、あの人たちの仲間です」とまた言いだした。ペトロは、再び打ち消した。しばらくして、今度は、居合わせた人々がペトロに言った。「確かに、お前はあの連中の仲間だ。ガリラヤの者だから。」すると、ペトロは呪いの言葉さえ口にしながら、「あなたがたの言っているそんな人は知らない」と誓い始めた。するとすぐ、鶏が再び鳴いた。ペトロは、「鶏が二度鳴く前に、あなたは三度わたしを知らないと言うだろう」とイエスが言われた言葉を思い出して、いきなり泣きだした。

主イエスは最後の晩餐のあとゲツセマネに向かう途中で、弟子たちに「あなたがたは皆わたしにつまずく」と言われました。特にペトロに対しては「あなたは三度わたしを知らないと言う」と告げられました。第一のことは主が捕らえられたときに、弟子たちが皆逃げ出したことによって現実のこととなりました（50節）。そして第二のことが現実のこととなるのが今日の出来事です。

大祭司の屋敷の中庭に忍び込んだペトロでしたが（54節）、そこにいた人々によって不審がられました。それは女中からは二度にわたって、そしてそこに居合わせた人からは一度、「お前はあのナザレのイエスの仲間であろう」と問われたことの中に表されています。ペトロはその都度、自分と主イエスとの関係を否定しています。三度めの問いに対しては、「そんな人は知らない、もし関係があるとすれば何と呪われたことか」と、呪いの言葉さえはきながら、主イエスを冷たく突き放す言葉を口にしています。そのとき、主が先に予告しておられたように鶏が二度めに鳴きました。そしてペトロは、「鶏が二度鳴く前に三度わたしを知らないと言う」と言われた主の言葉を思い出し、そのとおりになったことを知らされて激しく泣き出していま す。ペトロは主に近づきつつ、逆に遠く離れて行っています。

ペトロが先に「わたしは主を知らないなどとは決して言わない」と力強く誓ったことは、どうしてこのようにいとも簡単に破られてしまったのでしょうか。きっとペトロは法廷とか権威者の前に立たされて主イエスとの関係を問われたときには、決して自分は主を否定しない、いや逆にはっきりと、自分は主の弟子であるということを宣言しようと考えていたのでしょう。いところが主イエスとの関係を問われる場とか機会は、思いがけないかたちでやってきました。

大祭司の屋敷の中庭での何気ない会話の中で、彼は主との関係を問われたのです。そのとき彼は、それを否定することは何でもないことだと考えたに違いありません。問いかける者たちに対しても、まともに答える必要のない相手と軽く考えたのです。そこに彼の錯覚と過ちがありました。イエス・キリストをわが主として告白する場は、大掛かりなかたちでやってくるだけではなく、日常生活の只中でそれはやってきます。生活の場がキリスト告白の場であり、日常が主イエスを証しするときなのです。ペトロはそのことに思いを向けることができませんでした。そのため彼への問いかけを軽く受け流してしまったのです。

ところで、彼の流した涙はどのような内容の涙だったのでしょうか。一つは、主を知らないと言ってしまった自分の軽さ、不真実、そして主への裏切りなどを思い知らされて流した悔恨の涙であったに違いありません。さらに考えを深めると、このように主を知らないと言う過ちをペトロが犯すことを主が先にご存じであられたにもかかわらず、彼を愛し続けられる主の赦しの慈しみと愛を知らされての涙である、ということを思わされます。ペトロはこのような辛い体験をとおしてしか、主の愛を真に知ることができないことを主はとっくにご存じでした。だからこそこのような体験を主はペトロに与えておられるのです。それゆえいま流しているペトロの涙は、彼の再出発の機会とされるのです。罪を責めるよりもそれを赦して再出発の機会とされる主の深い愛によって、わたしたちも生かされてきたことを教えられる場面です。

83

# ピラトによる尋問

マルコによる福音書15章1―5節

夜が明けるとすぐ、祭司長たちは、長老や律法学者たちと共に、つまり最高法院全体で相談した後、イエスを縛って引いて行き、ピラトに渡した。ピラトがイエスに、「お前がユダヤ人の王なのか」と尋問すると、イエスは、「それは、あなたが言っていることです」と答えられた。そこで祭司長たちが、いろいろとイエスを訴えた。ピラトが再び尋問した。「何も答えないのか。彼らがあのようにお前を訴えているのに。」しかし、イエスがもはや何もお答えにならなかったので、ピラトは不思議に思った。

ユダヤの最高法院は、主イエスを「死刑にすべきだと決議した」（14・64）のですが、主の身柄を総督ピラトに引き渡しています。それは最高法院で死刑の判決を下しても、それを執行する権限がなかったからです。最終的には総督ピラトの判決と許可が必要でした。ピラトは当時ユダヤの国を支配していたローマ帝国から遣わされた役人で、ユダヤにおける最高責任者でした。最高法院がピラトに主イエスの罪状として示したのが、「イエスはユダヤ人の王として自称している者」ということでした。そのためピラトは主に対して「お前がユダヤ人の王なのか」と尋問しています。宗教的な事柄に関する罪状であったならば、彼はあまり関心を示さなかったかもしれません。しかしユダヤを治めることが最大の務めであるピラトにとって、政治的なことは無視することができません。ユダヤに新しい王が現れて、ローマに抵抗するなどということが起これば、大変なことになります。そのためにピラトは、イエスがユダヤ人の王なのかどうかを第一に問うているのです。しかしその問いはなんとなく緊張感や危機感を伴っていないように感じられます。「このみすぼらしい男がユダヤの王であるはずがない。でも訴えられているので試しに尋ねてみよう」といった程度の嘲りや侮蔑の思いを込めた軽い問いであると言ってよいでしょう。

主はそれに対してどのように答えられたでしょうか。「それは、あなたが言っていることです」が主のお答えでした。これはどういう意味でしょうか。口語訳聖書では「そのとおりである」と訳されていましたので、主は問いかけに肯定的に答えておられると考えられます。しかし今わたしたちが用いている聖書新共同訳の訳はそれとは違って、「それはあなたが言っていることです」と多少謎めいた訳になっています。これは少しわかりにくいものですが、問いに対しての否定的な意味合いの強い答えのように響きます。その場合は、人々が主イエスのことを、ローマに抵抗する王であるかのように吹聴している、そしてもしピラトがそれを信じているようならそれは間違っている、という主張になります。主は人々が考え、訴えているような政治的・軍事的王などではないと明言しておられるのです。わたしたちはそのように受け取りましょう。

このような問答を前にしてわたしたちも問われています。つまり、他の人がどのように言おうとも、この「わたし」はナザレのイエスをどういうお方として信じるか、が問われています。その問いに対してわたしたちは自己の存在をかけて、真実に告白しなければなりません。

ピラトはこの裁判をこのあとどう進めていくのでしょうか。結局彼はこの裁判に決着をつけて主イエスの死刑を決定しました。彼はイエスは無罪だと確信していましたが、イエスを赦すことによって人々が騒ぎ立てたり、ピラトに反逆したりすることを恐れて、最高法院の決定どおりにしました。それによって国家の代表が、神の子を死に引き渡すという大きな罪を犯しています。キリスト教会はそのことを忘れないように、また国家に対する〈見張りの務め〉と執り成しの祈りを続けるために、使徒信条の中にピラトの名を残しました、「主はポンティオ・ピラトのもとで苦しみを受け、十字架につけられ」と。ピラトのこのときの姿勢は、わたしたちの生き方に深く関わってくるものがあります。それはピラトのように人を恐れるのではなく、神を畏れることこそ、神の前に義とされる告白的生き方であるということです。

84

# イエスかバラバか

マルコによる福音書15章6―15節

ところで、祭りの度ごとに、ピラトは人々が願い出る囚人を一人釈放していた。さて、暴動のとき人殺しをして投獄されていた暴徒たちの中に、バラバという男がいた。群衆が押しかけて来て、いつものようにしてほしいと要求し始めた。そこで、ピラトは、「あのユダヤ人の王を釈放してほしいのか」と言った。祭司長たちがイエスを引き渡したのは、ねたみのためだと分かっていたからである。祭司長たちは、バラバの方を釈放してもらうように群衆を扇動した。そこで、ピラトは改めて、「それでは、ユダヤ人の王とお前たちが言っているあの者は、どうしてほしいのか」と言った。群衆はまた叫んだ。「十字架につけろ。」ピラトは言った。「いったいどんな悪事を働いたというのか。」群衆はますます激しく、「十字架につけろ」と叫び立てた。ピラトは群衆を満足させようと思って、バラバを釈放した。そして、イエスを鞭打ってから、十字架につけるために引き渡した。

今日は棕梠の主日です。聖書においては、つい数日前に棕梠の葉を道に敷いて「ホサナ」と叫びながら主イエスを歓迎した人々が、今は「イエスを十字架につけろ」と叫ぶ者に大変身しています。そしてついに最高法院で死刑の判決を受けた主は今、死刑確定のために総督ピラトのもとに引き渡されました。尋問の中で沈黙を守り続ける主に対して、ピラトは不思議な思いを抱くとともに、この人は無罪だとの確信を深めています。しかし人々の「十字架につけろ」との声は大きくなるばかりです。注意して聞けば、その叫び声の中にわたしの声も混じっているかもしれません。

困惑しきったピラトが思いついたのは、祭りの度ごとに囚人を一人釈放してきたこれまでの慣例です。それによってイエスを赦そうと考えたのでした。しかし人々はイエスではなく、暴動と殺人の罪で十字架刑が決まっているバラバの釈放を求めました。それはピラトの予想に反することでした。人々は、自身を神の子と称し、自分たちに悔い改めを求めるイエスより、ユダヤの国家のためにローマへの抵抗運動をしたバラバの方がまだましだと考えたのでしょう。人々が、少しもおごらず、へりくだりをもって他者に仕えることを教える主ではなくて、力と暴力によって目的を達成しようとするバラバを選んだことの中に、多くの人が何を原理として生きようとしているかが如実に表されています。今日においてもイエスではなく、バラバを選ぶ人がきっと多くいることでしょう。

ピラトはどうしたでしょうか。彼も結局は民衆の声に押されてバラバを釈放する決断をします。彼は真実や正義を重んじることよりも、民衆に迎合し自己保身を図るために、そうしたのです。国家の代表が、神の御子《みこ》を死刑に処した、そのことを教会が忘れることがないようにと、「使徒信条」に彼の名が刻まれることになりました。御子イエスは国家権力によって死に渡されたのです。これらのことは、わたしたちの生き方に大きな問いを投げかけています。力と暴力と不正によって自分を守るか、それともへりくだって人に仕える道を歩もうとするか、いつもわたしたちは問われているのです。

さて、バラバが赦されたことに注目してみましょう。百パーセント死刑に処せられるはずのバラバが、主イエスの代わりに赦されて生きる者とされました。一方、死に値する罪を犯されなかったにもかかわらず主イエスは、死刑の判決を受けました。バラバという死すべき人間が、イエスの十字架と引き換えに死から命に移されたのです。これこそが、主イエスの十字架の死による罪人の救いと贖《あがな》いを最も端的に、そして象徴的に表しているものです。主イエスの死は罪人の身代わりの死だったのです。バラバが赦されたのは、彼自身の中にそれに値する何かがあったわけではありません。ただ彼に代わって死に渡される身代わりの人、主イエス・キリストがおられたということのみが、バラバの救いの根拠なのです。これは神の愛に基づく罪人の救いのための御業《みわざ》の象徴です。主イエスの死を代償にして罪人が救われることは、父なる神が備えてくださった罪人の唯一の救いの手段です。「わたしたちがまだ罪人であったとき、キリストがわたしたちのために死んでくださったことにより、神はわたしたちに対する愛を示されました」（ローマ5・8）。

85

# 主イエスが受けた辱め

## マルコによる福音書15章16―32節（その一）

兵士たちは、官邸、すなわち総督官邸の中に、イエスを引いて行き、部隊の全員を呼び集めた。そして、イエスに紫の服を着せ、茨の冠を編んでかぶらせ、「ユダヤ人の王、万歳」と言って敬礼し始めた。また何度も、葦の棒で頭をたたき、唾を吐きかけ、ひざまずいて拝んだりした。このようにイエスを侮辱したあげく、紫の服を脱がせて元の服を着せた。そして、十字架につけるために外へ引き出した。

そこへ、アレクサンドロとルフォスとの父でシモンというキレネ人が、田舎から出て来て通りかかったので、兵士たちはイエスの十字架を無理に担がせた。そして、イエスをゴルゴタという所――その意味は「されこうべの場所」――に連れて行った。没薬を混ぜたぶどう酒を飲ませようとしたが、イエスはお受けにならなかった。それから、兵士たちはイエスを十字架につけて、／その服を分け合った、／だれが何を取るかをくじ引きで決めてから。／イエスを十字架につけたのは、午前九時であった。罪状書きには、「ユダヤ人の王」と書いてあった。また、イエスと一緒に二人の強盗を、一人は右にもう一人は左に、十字架につけた。（†こうして、「その人は犯罪人の一人に数えられた」という聖書の言葉が実現した。）そこを通りかかった人々は、頭を振りながらイエスをののしって言った。「おやおや、神殿を打ち倒し、三日で建てる者、十字架から降りて自分を救ってみろ。」同じように、祭司長たちも律法学者たちと一緒になって、代わる代わるイエスを侮辱して言った。「他人は救ったのに、自分は救えない。メシア、イスラエルの王、今すぐ十字架から降りるがいい。それを見たら、信じてやろう。」一緒に十字架につけられた者たちも、イエスをののしった。

主イエスは敵対者たちによって捕らえられ、ユダヤの最高法院で死刑の判決を受けた後、死刑執行の最終的な決定権をもつ総督ピラトに引き渡されました。ピラトはおそらく初めの段階では総督官邸の外で、主イエスに対する尋問を行い、人々にイエスとバラバのどちらを釈放するかを問うたりしました。そして結局ピラトは、主イエスの十字架刑を確定したのです。その後、主は官邸の中に引き入れられて、そこで十字架に処せられる準備がなされました。そのときの様子が、15章16―20節に描かれています。

官邸内にいる兵士たちは、ローマ兵たちです。彼らにとって何の被害を受けたこともなく、敵対関係にあったわけでもないにもかかわらず、憎しみをこめてさまざまな屈辱を主イエスに加えています。主を王に見立てて紫の服を着せたり、茨の冠をかぶらせたりしています。さらに肉体的な暴力を加え、唾をはきかけ、ふざけ半分にひざまずいて拝んでいます。彼らはある人に言わせれば、「王さまごっこ」をしています。彼らは何の痛みも感じないまま主をなぶり者にしました。「聖書のこの部分を墨で黒々と塗りつぶしたくなる」と述べる人がいるくらい、心を痛める場面が描写されています。

しかし、わたしたちは目を見開いて、この現実を見なければなりません。それは一つにはわたしたち人間の愚かさや罪深さを知るためであり、またもう一つは主イエスがわたしたちのために、どれほどの屈辱を耐えられたかを知るためです。この惨めな主イエスの姿の中に、わたしたちはかえって、わたしたちの罪をその背に担って十字架の上での裁きを受けられた真の救い主を見ることが求められています。このように人間の過ちや愚かさから神の真理が輝き出ることがあるのです。そして主の身に起こったこのことはまた、イザヤ書の次の「主の僕」の預言が成就したことでもあることを教えられます。

50章6節「(わたしは) 打とうとする者には背中をまかせ、ひげを抜こうとする者には頬をまかせた。顔を隠さずに、嘲りと唾を受けた」。

50章7節「主なる神が助けてくださるから、わたしはそれを嘲りとは思わない。わたしは顔を硬い石のようにする。わたしは知っている、わたしが辱められることはない、と」。

そのときの主イエスの祈りが、ルカによる福音書23章34節に次のように記されています。「父よ、彼らをお赦しください。自分が何をしているのか知らないのです」。御自身の死を前にしてもなお罪人のために祈られる主イエスは、今は十字架の死の後、復活して、天に昇って、神の右におられ、罪人の悔い改めと赦しのために執り成しの祈りをささげ続けてくださっているに違いありません。この主イエスの祈りによって、わたしたちも支えられており、神のもとに留まり続けることができています。

この主の愛にお応えする道は、生涯にわたってわたしたちが自分の十字架を背負って、主への服従に生きること以外にありません。そしてわたしたちの生涯を、主を嘲るのではなくて、主を讃美するものとして貫くことができるように、日々、苦しみを忍ばれた主イエスと向き合うものでありたいと願います。

86

# 十字架につけられる主イエス

マルコによる福音書15章16－32節（その二）

主イエスの十字架による処刑の時がついにきました。主はピラトの官邸から十字架の処刑場であるゴルゴタの丘まで、自ら十字架をかついで行かなければなりませんでした。主は肩に食い込む十字架の重みと痛みに耐えながら歩いて行かれます。その十字架の重さは、人間の罪の重さを表しているものであるのかもしれません。この十字架への道が後世に〈ヴィア・ドロロサ〉＝「悲しみの道」と呼ばれるようになりました。その途中で、兵士たちは主イエスの十字架を他者に担がせました。その人は、主とは直接何の関係もない北アフリカのキレネ人シモンという人でした。彼はもともとユダヤ人で、何らかの理由でキレネに移住していたのでしょう。彼はユダヤの大きな祭りである過越祭に参加するためにエルサレムにやって来て、たまたま十字架を担う主のそばを通りかかったときに、主に代わってその十字架を担う者とされたのです。それは彼にとっては屈辱的なことであったはずです。

しかしこのことはそのときだけのこととして終わらずに、彼の人生の大きな転換点となりました。それは彼がこの後しばらくして、主イエスを信じる者になったということが起こったからです。聖書からそれが示されます。21節には彼の息子の「アレクサンドロとルフォス」の名が挙げられています。わざわざその名が挙げられているのは、マルコによる福音書が書かれた当時、この二人はすでにキリスト者となっていて、多くのキリスト者仲間に知られていたことを示しています。またローマの信徒への手紙では、「主に結ばれている選ばれた者ルフォス、およびその母によろしく」（16・13）とのパウロの言葉が記されています。ルフォスの母すなわちシモンの妻も、信仰者となっています。思いがけなく襲った苦難や災い、すなわち〈強いられた十字架〉は恵みに変わり、その人や家族を主イエスとの出会いに導くことがあるということの典型的な例を、シモンに見ることができます。

ゴルゴタの丘に着いた主は、すぐに十字架につけられました。死にゆく人のそばで賭け事をする兵士たちがいました。これは人間の醜悪さと鈍感さとを表しているものです。主の十字架には、「ユダヤ人の王」という罪状書きが打ち付けられています（26節参照）。それはもちろん主の死刑を最終的に決定した総督ピラトが、痛烈な皮肉を込めて書かせたものです。しかしこの侮蔑をこめた人間の業《わざ》の中にも、神の真実は示されています。主イエスはまさしく、ユダヤ人の王であり、そして真の意味で世界の唯一の王であられます。わたしたちはそれを読みとることができます。

十字架上の主に対して、そばを通りかかった人や祭司長や律法学者、さらに主と共に十字架につけられている者たちがののしりの声を浴びせました。その嘲りの中心的な内容は、「イエスよ、十字架から降りて自分を救ってみよ。そうすれば信じてやろう」というものです。しかし主は十字架から降りることはなさいませんでした。ご自身が十字架で死ぬことによって、罪人の罪が滅ぼされることを願って死に向かわれました。それによって主イエスのわたしたちに対する深い愛が示され、わたしたちの罪の赦しのための神への執り成しの業が成し遂げられました。次の言葉はわたしたちの胸を打ちます。「イエスが十字架から降りて来なかったので、わたしたちはイエスを救い主と信じるのだ」（救世軍の創設者ブース大将）。そうであるならばわたしたちも主に服従する中で担わなければならない自分の十字架を降ろさずに、それを担い続けることこそが信仰に生きることである、ということを心に刻みましょう。

87

# わが神、なぜお見捨てになったのですか

マルコによる福音書15章33―41節

昼の十二時になると、全地は暗くなり、それが三時まで続いた。三時にイエスは大声で叫ばれた。「エロイ、エロイ、レマ、サバクタニ。」これは、「わが神、わが神、なぜわたしをお見捨てになったのですか」という意味である。そばに居合わせた人々のうちには、これを聞いて、「そら、エリヤを呼んでいる」と言う者がいた。ある者が走り寄り、海綿に酸いぶどう酒を含ませて葦の棒に付け、「待て、エリヤが彼を降ろしに来るかどうか、見ていよう」と言いながら、イエスに飲ませようとした。しかし、イエスは大声を出して息を引き取られた。すると、神殿の垂れ幕が上から下まで真っ二つに裂けた。百人隊長がイエスの方を向いて、そばに立っていた。そして、イエスがこのように息を引き取られたのを見て、「本当に、この人は神の子だった」と言った。また、婦人たちも遠くから見守っていた。その中には、マグダラのマリア、小ヤコブとヨセの母マリア、そしてサロメがいた。この婦人たちは、イエスがガリラヤにおられたとき、イエスに従って来て世話をしていた人々である。なおそのほかにも、イエスと共にエルサレムへ上って来た婦人たちが大勢いた。

十字架上の主イエスは息を引き取られる前に、アラム語で「エロイ、エロイ、レマ、サバクタニ」と叫ばれました。これは「わが神、わが神、なぜわたしをお見捨てになったのですか」という意味です。そしてこの言葉は、詩編22編2節の句を主が口にされたものとして知られています。主はなぜ、神への絶望を表すようなこの句を発せられたのでしょうか。二とおりの理解のしかたがあります。

一つは、詩編22編は初めの部分こそ神から見捨てられたことによる神への絶望の叫びであるが、それが歌われていく中で、ついに神への感謝と讃美に変わっていくことに注目しようとするものです。そして主の十字架上のこの叫び声は、詩編22編全体を口にしようとされたものであって、神讃美こそが主の目的であった、という理解が生まれてきます。したがってこの場合、主の叫びは絶望や悲惨さよりも、希望の言葉として受け止めるべきものと考えられます。それが一つです。

他の理解のしかたは、「わが神、わが神、なぜわたしをお見捨てになったのですか」という一句のみに注目するものです。神の子イエスはまさしく神から見捨てられた者のみが味わう絶望と恐れの中に叩き込まれて、そこからの叫び声を発しておられるのだ、ということです。すべての罪人の代表として、あるいはその身代わりとして神の前に立たれた御子《みこ》イエスは、罪人が受けるべき神による裁きと断罪とをその身に受けておられるのです。主は「わたしは人から見捨てられた」とは言わずに、「神よ、なぜあなたはわたしをお見捨てになったのですか」と言っておられます。本来ならば、わたしたち罪人があげるべき叫びを、主はわたしたちに代わってあげておられるのです。なぜ御子イエスは、父なる神によってそのような扱いをお受けになったのでしょうか。それは罪人たちが、これと同じ苦しみを味わうことがないためです。御子がすべての罪人に代わってその悲惨さを身に受けられることによって、他の罪人の上に襲う絶望と悲惨を取り除いてくださっているのです。そのための十字架でした。そういう理解も成り立ちます。この理解に立つとき、主の十字架上の叫びはわたしたちに代わる叫びであり、それが救いの基となる、ということを表していることになります。

そのことを示す一つの出来事が起こりました。それは異邦人の百人隊長が、十字架上の主を見つめることによって、次のような言葉を発したことです。「本当に、この人は神の子だった」(39節)。これはいわば百人隊長の主イエスに対する信仰告白とも言うべきものです。彼は、主イエスに起こった一連の出来事を見る中で、この信仰へと導かれていきました。『讃美歌』(54年版)139番4節に次のように歌われています。「十字架のうえより／さしくるひかり／ふむべき道をば／照らしておしう」。百人隊長はまさしく十字架によって、これからの歩むべき道を示されました。

わたしたちは、十字架の上で苦痛を味わわれて死へと向かわれた主イエスを見つめるとき、わたしたちが遭遇するいかなる苦痛の中にも主がいてくださって、わたしたちを助けてくださるとの確信と慰めを与えられます。ヘブライ人への手紙2章18節に次のように記されているとおりです。「事実、(主)御自身、試練を受けて苦しまれたからこそ、試練を受けている人たちを助けることがおできになるのです」。一見、恐ろしく慰めなどないように思われる十字架上の主イエスの姿は、わたしたちの心を痛めつけるだけではなく、わたしたちにとって大きな慰めと希望が満ち満ちているところでもあるのです。

# 88 主イエスの墓への葬り

マルコによる福音書15章42―47節

既に夕方になった。その日は準備の日、すなわち安息日の前日であったので、アリマタヤ出身で身分の高い議員ヨセフが来て、勇気を出してピラトのところへ行き、イエスの遺体を渡してくれるようにと願い出た。この人も神の国を待ち望んでいたのである。ピラトは、イエスがもう死んでしまったのかと不思議に思い、百人隊長を呼び寄せて、既に死んだかどうかを尋ねた。そして、百人隊長に確かめたうえ、遺体をヨセフに下げ渡した。ヨセフは亜麻布を買い、イエスを十字架から降ろしてその布で巻き、岩を掘って作った墓の中に納め、墓の入り口には石を転がしておいた。マグダラのマリアとヨセの母マリアとは、イエスの遺体を納めた場所を見つめていた。

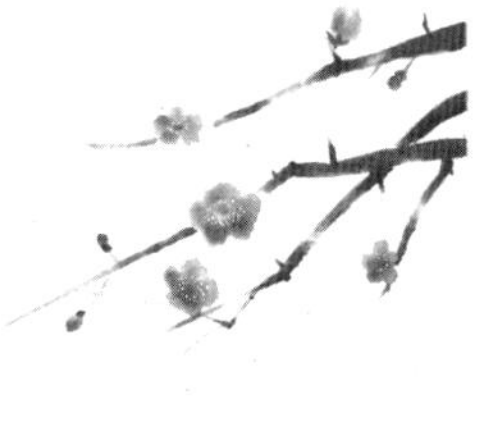

本日のテキストには、特別なかたちの葬りが記されています。その特別さとは、第一に十字架上で処刑された人の葬りであるということです。第二は、身内の者がだれ一人として連なっていない葬りであるということです。それは、わたしたちの救い主イエス・キリストの葬りです。主イエスは金曜日の朝9時頃に十字架につけられました（25節参照）。そしてその日の午

後3時頃に息を引き取られました（34、37節参照）。安息日が始まる午後6時頃の日没まで残された時間はあまりありません。このまま放っておくと、安息日の一日は何もすることができず、主イエスの遺体は一日中、十字架上でさらしものになったままです。十字架のもとにいた女性たちは、どうしたら良いのかわからないまま思い悩んでいたことでしょう。

そのときひとりの人が現れて、主イエスの遺体を十字架から降ろさせてほしいと総督ピラトに願い出たのです。その人はアリマタヤ出身のヨセフという人でした。彼について聖書は多くを語っていませんが、まとめてみると次のような人物像が浮かび上がってきます。彼はエルサレム議会の身分の高い議員であり（43節）、金持ちでした（マタイ27・57）。またイエスを死刑にするという議会の判決に対しては、同意していませんでした（ルカ23・51）。彼は「神の国を待ち望んでいた」（43節）のですが、その思いを勇気を出して主イエスに告白することができないまま、主の死を迎えてしまいました。しかし、今彼は「勇気を出して」（43節）、ピラトに、主イエスの遺体を引き渡してほしいと願い出たのです。誰も考えなかったことが今起こっています。ピラトはヨセフの願い出を聞き入れ、主の遺体をヨセフに「下げ渡した」のです（45節）。ヨセフは主の遺体を白い亜麻布で巻いて、「自分の新しい墓」（マタイ27・60）に納めました。十字架の主を見たあの百人隊長は「この人は神の子だった」との信仰へと導かれましたが、今は、ヨセフが主の遺体を引き取り、葬るという勇気を与えられました。

ある人はヨセフは勇気を出すのが遅すぎた、と言います。エルサレム議会での主イエスの裁判のときにこそ彼は勇気を出すべきだった、と言うのです。しかしそうすることができなかった彼を誰が責めることができるでしょうか。そしてついに、勇気を出すべきときが彼に来たのです。主は彼の勇気によって墓に葬られました。使徒信条の「(死んで) 葬られ」の背後にヨセフの勇気があったことをわたしたちは忘れてはなりません。わたしたちにもこの勇気が求められることがあるのです。主はこのように遅くしか立ち上がることができなかった者を、どのようにご覧になるのでしょうか。「遅い」と言って責められるでしょうか。そういうことはありません。主の前における決断に遅すぎることはないのです。「立ち上がれ」との御声が響いてきたそのときこそ、その人にとっての主に従うときが来たのです。そのようにわたしたちにとっても「勇気を出す」機会はこれまでもあったでしょうし、きっとこれからもあるに違いありません。

主の遺体を納めた墓の前には二人の婦人がいました。マグダラのマリアとヨセの母マリアです。彼女たちは愛する主イエスを失った悲しみに包まれているのですが、同時に安息日が明けたらいち早くこの墓に来て、主の遺体に香料を塗ろうと考えていたのです。今彼女たちが行うことができるのは、それだけでした。しかしそうした絶望の中にある彼女たちでしたが、誰よりも先に主の復活の出来事に出会い、復活の証人とされます。主への愛に生きる者には、その人にふさわしい務めが必ず主から与えられます。

# 89
# あの方は復活なさった

マルコによる福音書16章1―8節

安息日が終わると、マグダラのマリア、ヤコブの母マリア、サロメは、イエスに油を塗りに行くために香料を買った。そして、週の初めの日の朝ごく早く、日が出るとすぐ墓に行った。彼女たちは、「だれが墓の入り口からあの石を転がしてくれるでしょうか」と話し合っていた。ところが、目を上げて見ると、石は既にわきへ転がしてあった。石は非常に大きかったのである。墓の中に入ると、白い長い衣を着た若者が右手に座っているのが見えたので、婦人たちはひどく驚いた。若者は言った。「驚くことはない。あなたがたは十字架につけられたナザレのイエスを捜しているが、あの方は復活なさって、ここにはおられない。御覧なさい。お納めした場所である。さあ、行って、弟子たちとペトロに告げなさい。『あの方は、あなたがたより先にガリラヤへ行かれる。かねて言われたとおり、そこでお目にかかれる』と。」婦人たちは墓を出て逃げ去った。震え上がり、正気を失っていた。そして、だれにも何も言わなかった。恐ろしかったからである。

主の復活の朝を迎えました。それは死が命に変わった日です。わたしたちは皆、死に向かっ

て進んでいます。そして死はすべての終わりであると考えていますから、死の後にいかなることも期待することはできないし、死者に対して何もすることができないのです。しかし、そうした考え方がひっくり返される出来事が起こりました。それが主イエス・キリストの死からの復活です。

主の弟子たちも主の死ですべてが終わったと考えていました。主の死のあと主に従った者たちに何かまだすることが残っているとすれば、主の遺体に香油を塗ることだけです。金曜日の夕刻には、慌てて主の遺体を十字架から降ろして墓に納めたために、それをすることができなかったからです。安息日が明けるのを待たなければなりません。

三人の女性たちが週の初めの日（日曜日）に、夜が明けるか明けないうちに、主の遺体が納められた墓に行きました。香油を塗るためです。墓の穴を塞いでいる石をどうしようかと案じながら墓に向かった彼女たちでしたが、墓に着くとその石はすでに取り除けられ、白い衣を着た若者が中にいました。この若者は神の使いです。墓には主の遺体は見つかりませんでした。神の使いは彼女たちにこう告げました。「あの方は復活なさって、ここにはおられない。このことを弟子たちに伝えなさい」。それを聞かされた女性たちは、今見たことや告げられたことに対する驚きや恐怖に耐えることができず、急いで墓から逃げ去りました。彼女たちは正気を失ってしまいました。

主が生きておられたとき、三度にわたってご自身の十字架の死と死からのよみがえりについて語られました。それを女性たちも聞かされていたはずです。しかし、主が予告されたことが現実に起こったとき、弟子たちも彼女たちも、主の言葉をすぐには思い出すことができなかったのです。彼らは主が言われたことも十分に理解できていませんでしたし、たった今目撃した事柄も主の言葉と結びつけて受け止めることができませんでした。

ある神学者が、「復活の出来事の前で、誰でも思考や知恵がいったん止まるほかない」と述べています。まさしくそのことが主への服従に生きた者たちに起こっています。わたしたち人間の思考の先に復活があるのではありません。それがいったん遮断されるかたちで主なる神が惹き起こしてくださる出来事が、死から命への移行、すなわち復活です。復活を信じえない者たちが主の復活を信じることができるようになるためには、何が必要なのでしょうか。それは復活の主ご自身との出会い以外にありません。この後、女性たちや弟子たちは復活の主との出会いを与えられて、少しずつ信じる者へと変えられていきました。

イエス・キリストの復活によってすべての人間の前に大きく立ちはだかっていた死という岩が取り除かれて、新しい命の世界が切り開かれました。死を超えた命が主の復活によってもたらされたのです。わたしたちは主に結びつくとき、永遠の死へと死んでいくのではなくて、真の命に向けて死んでいくのだということを教えられます。主は言われました、「わたしを信じる者は、死んでも生きる」（ヨハネ11・25）。わたしたちは、死を恐れる者ではなく、主の復活のゆえに死を超えた命の希望に生きる者とされているのです。

90

# 復活の主とマグダラのマリア

マルコによる福音書16章9－13節

イエスは週の初めの日の朝早く、復活して、まずマグダラのマリアに御自身を現された。このマリアは、以前イエスに七つの悪霊を追い出していただいた婦人である。マリアは、イエスと一緒にいた人々が泣き悲しんでいるところへ行って、このことを知らせた。しかし彼らは、イエスが生きておられること、そしてマリアがそのイエスを見たことを聞いても、信じなかった。

その後、彼らのうちの二人が田舎の方へ歩いて行く途中、イエスが別の姿で御自身を現された。この二人も行って残りの人たちに知らせたが、彼らは二人の言うことも信じなかった。

復活された主イエスは、「まず」（9節）マグダラのマリアにご自身のお姿を現されました。このマリアは以前、主によって七つの悪霊を追い出していただいて救いを与えられた女性です。それ以来彼女の主イエスに従う新しい生が始まりました。彼女は主に従い、主に仕えて、宣教のために働く者となりました。主のガリラヤからエルサレムまでの旅を共にし、主の十字架のもとにたたずんでその死を見届け、葬りにも立ち合いました。そして週の初めの日の早朝に主の遺体に香料を塗るために墓に出かけて行きました。復活の主は、そのマリアに誰よりも先にご自身を現してくださったのです。主を慕い、主を愛し、主を信じている彼女は、主イエス抜きにはもはや生きることができなくなっていました。そのようなマリアに主もまた応えてくださって、新たな出会いのときを設けてくださったのです。

主は伝道活動の中で、「強い」と自分自身を考えている者よりも、自分の弱さを知っている者を身元にお招きになりました。主は、自分を「義人」と見ている者よりも、罪人であるとの自覚をもって胸を打ちつつ生きる者の方に近づいて行かれました。彼らはそのようにして主によって受け入れられ、彼らもまた主を受け入れる者とされました。その主は復活後も同じように、弱い器であるマリアにまず近づいてくださって、彼女の悲しみと絶望とを取り除いてくださっています。使徒パウロの「わたしは弱いときにこそ強い」（コリント二12・10）という言葉を思い出します。わたしたちの弱いところにこそ主は宿ってくださるのです。

主はマリアに何を語り、また何を託されたのでしょうか。それについては聖書には何も書かれていませんが、マリアの行動から推測することができます。彼女は主との出会いの後、「イエスと一緒にいた人々が泣き悲しんでいるところへ行って、このことを知らせた」（10節）のです。つまり彼女は、主は死からよみがえられたということを人々に知らせる働きを始めています。それは別の言葉で言えば、〈復活の証人〉としての働きです。それが主によって彼女に託された務めでした。

マリアから主イエスのよみがえりの事実を知らされた人々は、それを信じようとはしませんでした。このあと復活の主と出会った二人の弟子たちが、そのことを同じ人々に伝えても、彼らはこれも信じようとはしませんでした。この人たちは主イエスの直弟子たちやガリラヤから主に従って来た婦人たちであり、また他にも主と行動を共にしてきた人々もいたことでしょう。彼らは生前の主から、三度にわたってご自身の十字架の死と葬りと3日後のよみがえりについて聞かされていた人々でした。しかし彼らは、主の明確な予告の言葉と、復活の主に出会ったマリアや二人の弟子たちの証しとを結びつけることができないでいます。「信じなかった」という言葉がくり返されていることの中に、復活を信じることの困難さが表されています。

それでは今日、マグダラのマリアのようには復活の主に直接出会うことのできないわたしたちは、どのようにして復活を信じる者とされるのでしょうか。それは復活の主が用意してくださった特別な出会いによります。主は今は「別の姿」（12節）でわたしたちに出会ってくださいます。それは礼拝において、語られる御言葉《みことば》としての説教と、見える神の言葉としての聖礼典によってです。復活の主は今日、それらによってわたしたちに出会い、語りかけてくださっています。その言葉を主ご自身のものとして聞くことによって、わたしたちの信仰は始まります（ローマ10・17参照）。聖霊の助けを祈り求めつつ御言葉に耳を傾け続けるとき、そこに復活の主との確かな出会いが必ず与えられるはずです。

# 91 全世界に行って福音を宣べ伝えよ

マルコによる福音書16章14―18節

その後、十一人が食事をしているとき、イエスが現れ、その不信仰とかたくなな心をおとがめになった。復活されたイエスを見た人々の言うことを、信じなかったからである。それから、イエスは言われた。「全世界に行って、すべての造られたものに福音を宣べ伝えなさい。信じて洗礼を受ける者は救われるが、信じない者は滅びの宣告を受ける。信じる者には次のようなしるしが伴う。彼らはわたしの名によって悪霊を追い出し、新しい言葉を語る。手で蛇をつかみ、また、毒を飲んでも決して害を受けず、病人に手を置けば治る。」

復活された主イエスは、14節以下によれば、十一人の弟子たちが食事をしているところにご自身の姿を現されました。そしていきなり彼らの「不信仰とかたくなな心とをおとがめになった」のです。それは、彼らが「復活された主イエスを見た人々の言うことを信じなかったからである」と説明されています。ここで注目させられることは、主は弟子たちが主イエスを裏切ったことや主の前から逃げてしまったことについてとがめておられるのではなくて、彼らが主の復活に関する証言を信じようとしなかったことをいさめておられることです。主は生前に「わたしは捕らえられ、十字架につけられて殺される。そして墓に葬られ、三日目によみがえる」ということを、三度にわたって弟子たちに告げられました。しかし弟子たちはその主のお言葉と、今復活の主にお会いした人たちが証言する言葉とを結びつけて考えることができないでいます。それは、彼らが主のお言葉とその内容とを真剣に聞いていなかったことを表すものです。主はそのことを彼らの不信仰と言っておられます。事柄を突き詰めて考えようとしない彼らの信仰における鈍感さやいい加減さが、主のおとがめを受けています。

これらによって示されることとは、主の復活後は「聞いて信じる」新しい時が始まったということです。先に復活の主に出会って信じる者となった人の真実な証言を「聞いて信じる」という時が始まっているのです。弟子たちだけでなく、わたしたちにとっても、聖書に基づいて語られる御言葉《みことば》の説教、そして復活の主を信じて生きている人々の真実の証しの言葉を聞くことによって、わたしたちの信仰は始まる、ということです。そのことについては、先週の礼拝においても確認させられたことでした。

主イエスは弟子たちの不信仰をとがめつつ、彼らは必ず信じる者に変えられることを確信しておられます。だからこそ、彼らに大切な務めを委託されるのです。それは、「全世界に出て行って、すべての造られたものに福音を宣べ伝えなさい」(15節)の派遣命令です。主はかつて十二弟子たちを集めて訓練し、彼らをユダヤの全土に派遣されました。復活の主は、今度は全世界に出て行って福音を宣べ伝えることを命じておられます。新しい時代が始まっています。このようにして福音が語られ聞かれたそれぞれの場所で、神の名によって集められる教会が形成されていくのです。この派遣命令は今も続いていることを忘れないようにしましょう。

福音宣教の目的と実りは、何よりも洗礼を受ける者が起こされることです。その洗礼によって、人は神の国の一員とされます。ペンテコステの日、ペトロたちの説教によって心を揺さぶられた人々は、次のように問いかけました。「兄弟たち、わたしたちはどうしたらよいのですか」。それに対してペトロは答えました。「悔い改めなさい。めいめい、イエス・キリストの名によって洗礼を受け、罪を赦していただきなさい」（使徒２・38）。福音は、受け入れてもよいし、拒んでもよいという性格のものではありません。それは人間の永遠にわたる生と死に関わる事柄です。そして人は、福音を聞くことから洗礼による新しい命へと導かれていきます。だからこそ教会は、復活の福音を存在をかけて人々に語り伝えていくのです。

主は弟子たちに福音宣教には奇跡的な業《わざ》が伴うことがあることを告げておられます（17―18節参照）。しかし今の時代は、それに重きが置かれる時代ではありません。信仰者の口をとおして語られる御言葉、さらに信仰者の生き方をとおして証しされる福音が宣教のために用いられる時代です。それゆえわたしたちは真摯に礼拝をささげることによって宣教のための言葉が与えられることを覚えて、それに全力を注ぎたいものです。

# 92 天に上げられた主と地上の弟子たち

マルコによる福音書16章19―20節

主イエスは、弟子たちに話した後、天に上げられ、神の右の座に着かれた。一方、弟子たちは出かけて行って、至るところで宣教した。主は彼らと共に働き、彼らの語る言葉が真実であることを、それに伴うしるしによってはっきりとお示しになった。

マルコによる福音書の連続講解説教の最終回として本日は、後代に加筆されたと考えられる「結び 一」の16章19―20節から御言葉《みことば》を聞いて、わたしたちにとっても一区切りとしたいと思います。

ここに記されていることの第一は、復活された主イエス・キリストが、地上から天に上げられた、ということです。使徒言行録によると復活の主が地上におられたのは40日間でした（1・3参照）。その間に主は弟子たちを相手に復活の事実をくり返し明らかに示し、彼らが確信をもって復活の証人としての働きをするように教育し、訓練されました。それから神の時が満ちて、主は天に上げられたのです。「天」とはどこにあるのでしょうか。それは空の上とか宇宙のかなたではありません。詩編115編3節に「わたしたちの神は天にいます」と謳われていますように、神がおられる場所が天です。神は生きておられる存在です。そうであれば、神がおられる場所もあるはずです。それを聖書は「天」と言い表しています。

さらに天に上げられた主は、「神の右の座」に着かれました。ここでも場所を表す言葉が用いられています。これも空間的な場所のことではなく、権威や働きを表す言葉として理解すべきものです。主は最高法院で尋問を受けられたとき、「今から後、人の子は全能の神の右に座る」と自ら告げられました（ルカ27・69参照）。それは天において、神と等しい力と権威をもって、世界を治め、教会を導き、さらに罪人の救いのための執り成しの働きをするとの宣言です。「執り成し」の働きとは、主イエスが神の右におられて、父なる神に祈り神に近づき神に救いを求めている人々のために仲立ちをしてくださることです。それによって人々は神に結びつき、神の国に招き入れられるものとなります。わたしたちの祈りも、この主の執り成しによって神に届けられ、わたしたちは神との豊かな交わりの中で生きる者とされます。

こうして主イエスが地上から離れて天に上げられることは、わたしたち人間にとって決して不利益なことではなくて、神の救いの歴史が新しい段階に進んだことを示しています。それによってわたしたちはどこにいようが主の新たな恵みを受けるものとされます。

一方、地上に残された弟子たちはその後どうしたでしょうか。彼らは「出かけて行って、至るところで宣教した」（20節）と記されています。弟子たちは主が地上におられないということで気力を失ってしまうことなく、復活の主の「全世界に出て行って、すべての造られたものに福音を宣べ伝えなさい」（16・15）の御委託に応えて、主の復活を語る福音宣教に励んでいます。そうすることができるのも、彼らが復活の主の訓練を受けて復活信仰を強められたからです。さらに天にある主はその後も彼らと共に働いて、彼らの言葉が真実であること、すなわち神からの言葉であることを明らかにしてくださっています。天にある主が地上の弟子たちと共にもいてくださることによって、彼らの宣教活動は力あるもの、真実なものとされました。

復活の主は今も霊においてわたしたちと共に働いてくださり、信じる者を生み出し、教会を造り出してくださっています。ときにわたしたちは、キリスト者が少数であることを嘆き、自分たちの力の弱さをかこち、実りの生じないことによって諦めを覚えたりすることがあります。しかしそのようなわたしたちのかたわらに復活の主がいてくださって、わたしたちを励まし、力づけてくださっています。主なる神がヨシュアに語られた言葉を思い出しましょう。「わたしは……あなたと共にいる。あなたを見放すことも、見捨てることもない。強く、雄々しくあれ」（ヨシュア1・5－6）。天におられる主なる神の御声が地上にいるわたしたちに響いてきます。

# あとがき

２０２０年4月に、わたしは日本キリスト教会函館相生教会の牧師を辞して、「無任所教師」（引退教師）の身となりました。辞職が決まったころに、長い間無牧師の教会であった日本キリスト教会佐賀めぐみ教会から、応援の依頼を受けました。二年間だけお仕えするという約束でその要請にお応えし、２０２０年5月から２０２２年5月まで、佐賀で働くことが許されました。

同教会における二年間の礼拝では、一つの福音書に共に取り組もうと考えて、取り上げた説教テキストが「マルコによる福音書」でした。２０２０年5月24日の第1回から、クリスマスやイースターにおける他テキストからの説教を挟みながら、およそ二年後の２０２２年5月1日に第92回をもって終了いたしました。その間、毎週、説教本文をほぼ三分の一にまとめた「説教梗概」を作成して、教会のホームページに掲載したり、欠席者や高齢の方に配布したり、また時には礼拝後に外国人の出席者のための説教理解のテキストとして用いられてきました。それが今このような書物として発刊されることになりました。

この梗概は、一つひとつの説教を初めからこの字数で準備したのではなくて、実際に語ったものを縮小するというかたちになりましたので、中には文章の前後関係が少々あいまいな部分が生じているということに気づかされるものもありました。この書の発行にあたって、気がついたところは手を加えましたが、まだそうした部分が残っているかもしれないと危惧しています。つながりの悪い部分は、皆さまの想像力によって補ってください。教会の兄弟姉妹と共に、マルコによる福音書の御言葉《みことば》を礼拝において聞きながら、人となられた神のひとり子イエス・キリストを身近に感じることができた一年間であったように思います。この時期を与えられたことを感謝しています。

　この「あとがき」は、２０２２年８月半ばに書いているのですが、わたしたちの国では、「教会」（協会）を名乗る異端のグループの問題が、マスコミ等において、政治と宗教という観点から連日取り上げられています。その闇は深いと言わざるをえません。わたしたちはこの問題を、政治と宗教という視点で考えることも大事ですが、むしろ日本におけるキリストの教会の宣教の課題と結びつけて捉えることの方が大切ではないかと考えさせられています。つまり、イエス・キリストを唯一の救い主として宣教する教会の姿勢の弱さや不徹底ぶりが、こうした偽メシアをわたしたちの社会にはびこらせる要因の一つとなってはいないかということです。多くの人々は、真のメシアを知らない、また知らされていないゆえに、偽りのものに心が魅かれてしまうという憐れむべき状況が生じています。

　これは教会の責任である、ということを痛感させられています。そういう状況下で、真の救い、真の平安、そして真の命が何であるかを、教会はこれまで以上に力強く、確信をもって語っていかなければなりません。偽物を退けることは、本物によってしかできません。それは神のひとり子イエス・キリストを真の救い主としてさし示すこと以外ではあり得ません。わたし自身も今の立場で、福音宣教の強化のために仕える道を探っていきたいと考えています。

この書は、各章において、聖書本文と説教とを読み、黙想し、祈るということで、それほど長い時間をかけずに読み進んでいくことができるのではないかと考えています。

今回も一麦出版社の西村勝佳社長にたくさんの助言をいただきました。また、天に召された日本キリスト教会小樽シオン教会の会員であられた境泉美さんのスケッチを、挿絵として用いるという工夫もしていただきました。心から感謝いたします。

この書が、信仰を求め、また信仰に生きようとするすべての方たちのイエス・キリストへの接近のためにいくらかでもお役に立てば幸いです。

２０２２年８月

札幌にて　久野　牧

# 神の子イエス・キリストの福音

## ――主イエスと出会うマルコ福音書講解

発行日……二〇二二年十一月十九日　第一版第一刷発行
定価……［本体二、八〇〇＋消費税］円
著者……久野牧
発行者……西村勝佳
発行所……株式会社一麦出版社
札幌市南区北ノ沢三丁目四―一〇　〒〇〇五―〇八三二
郵便振替〇二七五〇―三―二七八〇九
電話（〇一一）五七八―五八八八　FAX（〇一一）五七八―四八八八
URL https://www.ichibaku.co.jp/
携帯サイト http://mobile.ichibaku.co.jp/
印刷……株式会社総北海
製本……石田製本株式会社
挿画……境泉美
装釘……須田照生

ISBN978-4-86325-144-1 C0016